這個世上努力的人很多，可是努力並不代表什麼，
努力只是意味著一個做人的本份，那和成功是兩回事，
問題就出在——你並沒有往對的方向去努力……

你無法用一天改變命運，但可以改變方向

林郁 主編

前言

有一個年輕人，向一位成功的大企業家訴苦——

「先生，我一直很努力，可是為什麼不能成功呢？」

大企業家看了他一眼，才緩緩地說——

「努力沒用，要往對的方向努力才有用！」

年輕人一聽，深受震憾，思考之後，含笑拜謝而去。

是的！這個世上努力的人很多，可是努力並不代表什麼，努力只是意味著一個做人的本份，那和成功是兩回事，問題就出在——你並沒有往對的方向去努力……

羅斯福總統夫人本來在班寧頓學院念書時，修幾個學分，只想未來在電訊業中，找到一份工作。她父親為她約好去見他的一個朋友——當時擔任美國無線電公司董事長的薩爾洛夫將軍。

羅斯福夫人回憶說：「將軍問我想做哪種工作，我說隨便吧。將軍卻對我說，沒有一類工作叫『隨便』。他目光逼人地提醒我說，成功的道路是由目標鋪成的！」

目標，是一個人未來生活的藍圖，又是一個人精神生活的支柱。美國著名的外科整形醫生麥斯威爾・莫爾茲博士在《人生的支柱》一書中說：「任何人都是目標的追求者，一旦達到目的，第二天就必須為第二個目標動身起程了……人生就是要我們起跑、飛奔、修正方向，如同開車奔馳在公路上，有時偶爾在岔道上稍事休整，便又繼續不斷在大道上奔跑。旅途上的種種經歷才令人陶醉、亢奮激動、欣喜若狂，因為這是在你的控制之下，在你的領域之內大顯身手，全力以赴。」

一個沒有目標的人生，就是無的放矢，缺少方向，就像輪船沒有了舵手、旅行時沒有了地圖或導航一樣，會令我們無所適從。而一個明確的目標，可令我們的努力得到雙倍、甚至數倍的回報。

但是，如果目標太多，也會令我們窮於應付，徬徨於選擇倍覺辛苦，並且令我們的努力得不到相應的回報，因為我們的努力不夠集中。

如果我們將人生的成功比作一棟大廈的話，在每棟高樓大廈聳立之前，一開始就要有一個「明確的目標」，另加一張張藍圖作為其明確的建築計畫。試想一下，如果一個人蓋房子時，事先毫無計畫，想到什麼就蓋什麼，那將會是什麼樣子。所以，在你計畫自己的成功藍圖時，最需要做的就是——明確自己人生之旅的航向。

前言／007

第I章

第一步先要選對的方向

第2章 你的青春不夠揮霍

第3章 天天動動腦，思維不僵化

第4章 好運不會自己送上門

第5章 發揮你的性格優勢

第6章 善待情感，品味愛情

第7章 人生的高低就在細節中

第8章 不必等待，立即行動

第一章

第一步先要選對的方向

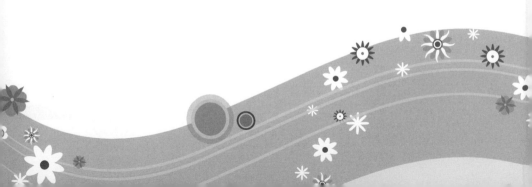

有人說，在成功的道路上，方向比努力更重要。又有人說，押對注，贏一局；跟對人，贏一生。人生之路需要導師，但是你也需要走上屬於你的道路，才不會在人生之路上步入歧途。所以，跟對人，先要從選對的方向開始。

人要有目標，行動起來要有方向，才會在前進的道路上認識自己的引路人，結識志同道合之人，最終走向成功。在現實中，很多的成功都像下面這個小故事喻示的道理那樣——許多時候，僅有熱情和能力是遠遠不夠的，最重要的是首先要盯著成功的方向。

1．你想成為什麼樣的人

有一名青年，在美國某石油公司工作。他的學歷不高，也沒有什麼特別的技術。他在公司做的工作，連小孩都能勝任，就是巡視並確認石油罐蓋有沒有自動焊接好。

石油罐在輸送帶上移動至旋轉臺上，焊接劑便自動滴下，沿著蓋子回轉一圈，作業就算結束。他每天如此，反覆好幾百次地注視著這種作業。

沒幾天，他便開始對這項工作厭煩了，他很想改行，但又找不到其他工作。他想，要使這項工作有所突破，就必須自己找些事做。因此，他更加集中精力觀察這焊接工作。他發現罐子每旋轉一次，焊接劑就滴落39滴，焊接工作便結束。他努力思考：在這一連串的工作中，有沒有什麼可以改善的地方呢？

有一天，他突然想：如果能將焊接劑減少一兩滴，是不是能夠節省成本？

於是，經過一番研究，他終於研製出了「37滴型」焊接機。但是，利用這種機器焊接出來的石油罐，偶爾會漏油，並不是很完美。但他並不灰心，又研製出了「38滴型」焊接機。這次的發明非常完美，公司對他的評價很高。不久便生產出這種機器，並改用新的焊接方式。

雖然節省的只是在常人眼中，十分微不足道的一滴焊接劑，但這「一滴」卻替公司帶來了每年5億美元的新利潤。

這名青年就是後來掌握全美95%實權的石油生意——約翰．洛克菲勒。

「改良焊接劑」改變了洛克菲勒的人生。他成功的關鍵在於：普通人往往會忽略的平凡小事，他卻注意到了。

甘迺迪家族是美國的政治世家，所謂政治世家都有著一個極其強烈的欲望與目標，便是入主白宮，當上美國總統。

在二十世紀初，甘迺迪家族已是名聲顯赫。當時的約瑟．甘迺迪，年紀輕輕，便是一位傑出的銀行家和投機的投資家。

在股票投資界中有這樣一個故事：當擦鞋仔也向你提供股票消息的時候，你便要將持有的股票賣出去。這個故事的主人翁便是約瑟・甘迺迪。他是一名股票投資界的大白鯊。一九二九年的一天，當他正在街上擦鞋時，鞋童居然也向他提供股票消息，他便感覺到不對勁，將手上所有的股票賣出去，因此而逃過了一九二九年的股市大崩盤。連當時的羅斯福總統，也要委託他為股票監察專員，收拾股票崩盤的殘局。

除了背負上「股票大鱷」這個外號之外，他又曾經私運軍火和私酒（早年美國是禁酒的）。發達之後的他，本想入主白宮嘗嘗權力的滋味，但因為以前不良的聲譽，所以自己的希望是無法實現的，於是他便唯有鼓勵自己的兒子，努力去實現自己達不到的欲望。當兒子自立的時候，他便拿出一百萬美元，當做他政治活動的本錢。

經過不少的困難之後，約瑟・甘迺迪的孫子約翰・甘迺迪，終於成為當時美國最年輕（47歲）的總統。雖然甘迺迪在一九六三年遇刺身亡，但他仍然是美國人民心目中一位十分傑出的總統。

不管是誰，想要突破現狀，首先要考慮的都是「我想做什麼事？」或是「我想成為什麼樣的人？」有了這種強烈的目的和意識，你才會集中精力，並調動過去積累的知識和經驗，在有意或無意中使你所關注的事情有所突破。

2．清楚地知道你自己需要什麼

芸芸眾生，成功者到底占1％還是不到1％，雖然我們無法統計這一數字，但這些人有一個突出的特徵——與他人截然不同。那就是隨時隨地都擁有強烈的方向性，即成功者始終攜帶著取得人生決戰勝利的行動計畫。

成功者無一不對自己隨時隨地的去向掌握得一清二楚。他們的目標明確，也會付出切實的行動。知道自己要的是什麼，也知道在哪裏可以得到它。他們確定目標，同時又決定通向那個目標須走的道路。

目標的達到就是成功，我們每個人都一直在不斷地實現自己的目標，因此，我們都可以不斷地取得成功。

成功者很清楚，按階段、有步驟地設定目標是何等重要。所以，在這裏我們提出，在你踏入社會時，就可以作出以下的計畫：「5年計畫」、「1年計畫」、「6個月的目標」、「本年度的目標」等。

然而，成功者之所以成功，都有著最重要的原則——成功是在一分一秒中積累起來的。許多人都把時間大把大把地扔掉了，扔在那些慢騰騰的動作中；扔在毫無意義的閒聊中；扔在查閱那些沒用的資料中；扔在漫無目的的交往中；扔在發表那些眾所周知論點的夸夸其談中；也扔在對那些微不足道的動作和事件的小題大做中；還扔在對瑣碎小事無休止的無謂忙碌和「話匣子」一開就沒完沒了的過程中。

這些人把時間不加考慮地用在了並不重要也並不緊急的地方，而把真正與實現重要目標有關的活動排到了次要地位。由於沒有把計畫的內容放在首位，所以即使辛辛苦苦制訂了計畫也不能執行，結果大多都失敗了。

還有一些人，他們熱中於制訂宴會計畫、剪貼報紙，甚至製作贈送賀年片的朋友住所錄。他們在這些事情上花費的時間，遠比花時間訂立人生計畫要大方得多。

成功者每天的目標，至少要在前一天的傍晚或晚間制定出來，還要為第二天應該做到的事情排出先後順序，至少要寫出6個以上的有著明確順序的內容。於是，第二天清晨醒來，他們就按著事情的順序一一去身體力行。

每天結束時，他們再次確認這張計劃表。完成的項目用筆劃去，新的項目追加上去，一天內尚未完成的，順推到下一天去。

如果你來到百貨公司，而並沒有購物的預算限制，其結果會怎樣？你漫步在商品琳琅滿目的大廳裏，電視裏的廣告宣傳浮現到你腦中，眼前的新產品讓你眩目，你的購買欲望在燃起。結果，你滿載而歸——手提包裏裝滿了原來並沒打算買，也不需要，甚至是你原來很反感的東西。

一個成功的目標，對自己和家庭，從現實到長遠利益都應該是周全的。

目標，應該是明確的。精神好像是一個自動裝置，一個自己不思考的電腦，它只執行你所決定的事項。如果不給它明確的資訊，它就不能有明確的機能和作為。

像「幸福」、「充足」、「健康」這樣一些模糊不清的概念，電腦是無法遵照指令行事的。但是，如果你說每月收入五萬元，買台新的電腦，體重下降五公斤，或者在某年某月通過資格考試，它立即會對這些明確的目標產生反應。

那麼，究竟怎樣才能進行積極的「目標設定」呢？其祕訣就在於明確規定目標，將它寫成文字妥善保存。然後彷彿那個目標已經掌握在手中了，想像與朋友談論它，描繪它的具體細節，並從早到晚保持這種心情。

你的那部「自我意象」的自動機，它無法區別出真正的還是虛假的經驗；是「正式上演」還是「彩排」；是實際中體驗的還是想像的。所以不論你樹立什麼樣的目標，都要讓它成為你生活中的一部分，而不知不覺地朝著那個目標的方向前進。

人具有一種不知不覺中會向自己所嚮往的形象運動（趨動）的自然傾向。不知向何處漂泊的小船，風對它們也失去了含義。沒有目標的人，猶如沒有舵的船。風吹來，有的船駛向東，有的船會漂往西。它們的航向不取決於風從哪裏來，而在於船上的帆張向哪一邊。

這與我們的人生是何其相似。在人生的海洋上，流逝的時間像吹到船上的風，揚起風帆的只有我們自己。周圍發生的一切，都無法代替我們去駕駛那條屬於自己的小船。

別忘記牢牢地把穩你的船舵。制訂了計畫，勢必推進它而不是搖擺不定。一天有一天的目標，即刻行動起來。對確立的目標，堅定不移地執行到底。只要你能夠這樣每天「彩排」一遍，潛在意識就能自然地接受它，使你一天天向理想的目標邁進。

你要把目光始終看著你自己和每個實現目標的自我意象。對今後的人生，要制訂出成功者的行動計畫。如能做到這些，你將不會失去自己的人生。

時間在分分秒秒地流去，刻不容緩！

3．確立人生之旅的航向

具有明確目標的人，無論在任何時候都會受到他人的敬仰與關注，這是人際關係中一項不變的真理。如果一艘輪船在大海中失去了舵手，在海上打轉，它很快就會耗盡燃料，無論如何也到達不了岸邊。事實上，它所耗掉的燃料，足以使它來往於海岸和大海好幾次。

同樣是這樣，如果一個人沒有明確的目標，以及為實現這一明確目標而制訂的確定計畫，不管他如何努力工作，都會像一艘失去方向舵的輪船。辛勤的工作和一顆善良之心並不完全能使一個人獲得成功，假使他並未在心中確定自己所希望的明確目標，他又怎能知道自己已經獲得了成功呢？

如果我們將人生的成功比作一棟大廈的話，在每棟高樓大廈聳立之前，一開始就要有一個「明確的目標」，另加一張張藍圖作為其明確的建築計畫。試想一下，如果一個人蓋房子時，事先毫無計畫，想到什麼就蓋什麼，那將會是什麼樣子。所以，在你計畫自己的成功藍圖時，最需要做的就是——明確自己人生之旅的航向。

以下是拿破崙・希爾曾講述的一個故事——

很多年前，有一位年輕人曾來找我商量。他表示，對於目前的工作甚不滿意，希望能擁有更適合於他的終生事業，他極欲知道如何做才能改善他目前的情況。

「你想往何處去呢？」我這樣問他。

「關於這一點，說實在的我並不清楚。」他猶豫了一會兒，繼續回答道，「我根本沒有思考過這件事，只是不喜歡這裡，想要到不同的地方去。」

「你做過的最好的一件事情是什麼呢？」我接著問他，「你擅長什麼？」

「不知道，」他回答，「這兩件事，我也從來沒有思索過。」

「假定現在你必須要自己做一番選擇或決定，你想要做些什麼呢?你最想追求的目標是什麼呢？」我追問道。

「我真的說不出來。」他相當茫然，「我真的不知道自己想做些什麼。這些事情我從未思索過，雖然我也曾覺得應該好好盤算一下這些事才對……」

「現在我可以這樣告訴你，」我這麼說著，「現在你想從目前所處的環境中轉換到另一個地方去，但是卻不知該往何處，這是因為你根本不知道自己能做什麼、想做什麼。其實，你在轉換工作之前，應該把這些事情好好做個整理。」

事實上，上述的例子，正是大多數人失敗的原因。由於絕大多數的人對於自己未來的目標及希望只有模糊不清的印象而已，因而通常到達不了目的地。試想，一個人沒有目標，又如何能到達終點呢？

後來，人們對這名年輕人進行了一番測驗，分析的結果顯示，他擁有相當良好、自己卻渾然不覺的素質與才能，所缺乏的是供應他前進的能量。因此，人們教導他從信仰中取得力量。現在他已經能夠滿懷欣喜地邁向成功之路了。

經過這番測驗，他已清楚地了解自己究竟該往何處，以及如何才能到達該處。他也已明白何為至善，並期待達到這個目標。現在任何事物均已不可能對他構成障礙阻止他前進了。

從現在開始，建立你發掘強項的目標，並期待至善的境界吧。

任何人如果能對自己的工作、身體及毅力都完全信任，且努力工作、全心投入的話，那麼你已經找到了自己的強項，無論目標或理想是如何遙不可及，你也必能排除萬難，達成願望。不過，在進行的過程中，有一件相當重要的事是——你想往何處去。只有知道終點所在，才能到達終點，且夢想也才會成真。

可惜的是，一般人大多並未具備上述觀念，因此很難實現真正的理想。畢竟沒有清楚的追求目標，想要期待至善的結果出現，這簡直是不可能的事。

目標，是一個人未來生活的藍圖，又是一個人精神生活的支柱。美國著名的外科整形醫生麥斯威爾．莫爾茲博士在《人生的支柱》一書中說：「任何人都是目標的追求者，一旦達到目的，第二天就必須為第二個目標動身起程了……人生就是要我們起跑、飛奔、修正方向，如同開車奔馳在公路上，有時偶爾在岔道上稍事休整，便又繼續不斷在大道上奔跑。旅途上的種種經歷才令人陶醉、亢奮激動、欣喜若狂，因為這是在你的控制之下，在你的領域之內大顯身手，全力以赴。」

一個沒有目標的人生，就是無的放矢，缺少方向，就像輪船沒有了舵手、旅行時沒有了地圖或導航一樣，會令我們無所適從。而一個明確的目標，可令我們的努力得到雙倍、甚至數倍的回報。

但是，如果目標太多，也會令我們窮於應付，徬徨於選擇倍覺辛苦，並且令我們的努力得不到相應的回報，因為我們的努力不夠集中。

古時候有一個財主，找一個部落首領討要一塊土地。部落首領給他一個標竿，讓他把標竿插到一個適當的地方，並答應他說：如果在日落之前能返回來，就把首領駐地到標竿之間的土地送給他。財主因為貪心，走得太遠，不但在日落之前沒有趕回來，而且還累死在半路上。

這個財主正是因為沒有自己的目標，或者說目標不具體，所以才失敗了。

鋼鐵大王安德魯・卡耐基也是一個很好的例子——

當他決定要製造鋼鐵時，腦海中便不時閃現這一欲望，並變成他生命的動力。接著他尋求一位朋友的合作，由於這位朋友深受卡耐基執著力量的感動，便貢獻了自己的力量；憑藉這兩個人的共同熱忱，最後又說服另外兩個人加入行列。這四個人最後形成卡耐基王國的核心人物，他們組成了一個智囊團，他們四個人籌足了為達到目標所需要的資金，而最後他們每個人也都成為巨富。

但這四個人的成功關鍵並不只是「辛勤工作」，你可能也發現了，有些人和你一樣辛勤工作——甚至比你更努力——但卻沒有成功。教育也不是關鍵性的因素，沃爾瑪公司的創立者山姆・沃爾瑪從來沒有拿過羅德獎學金，但是他賺的錢，卻比所有念過哈佛大學的人都多。

偉大的成就，源於對積極心態的了解和運用，無論你做什麼事，你的心態都會給你一定的力量。抱著積極的心態，意味著你的行為和思想有助於目標的達成；而抱著消極的心態，則意味你的行為和思想不斷地抵消你所付出的努力。當你將欲望變成執著，並且在設定明確目標的同時，也應該建立並發揮你的積極心態。

但是，設定明確目標和建立積極心態，並不表示你馬上就能得到你所需要的資源，你得到這些資源的速度，應視需要範圍的大小，以及你控制心境使其免於恐懼、懷疑和自我設限的情形而定。

朋友們，如果你還沒有一個明確的目標，那你就應該放下手上的一切其他事情，坐下來，認真思考一下適合自己的目標了。

此外，如果你的目標太多的話，只會令你眼花繚亂，你也得坐下來，把它們都寫在紙上，然後逐個分析它們，將不重要的刪掉，留下對你最重要也最適合你去發展和追求的目標。然後，就把它作為你的努力方向去奮鬥吧。如果中間發現這個目標同你的大方向有出入，你可以在中途隨時調整你的目標。

目標是指想要達到的境地或標準，有了目標，努力便有了方向。

一個人有了明確的目標，就會精力集中，每天想的、做的基本上都與之所要實現的目標相吻合，避免徒勞無功。為了實現目標，你能始終處於一種主動求發展的競技狀態，能充分發揮主觀能動作用，能精神飽滿地投入學習和工作，能夠脫離低級趣味的影響，而且為達到目標能夠有所棄，一心向學。

因此，能夠儘快地實現優勢積累。這就像登泰山一樣，漫無目標者是隨便走，一會兒參觀岱廟，一會兒選幾個美景拍照留念，東遊西逛，還沒有走到中天門天就黑了。相反，如果你把目標確定為儘快到達玉皇頂，你就會像參加登山比賽一樣，中途無心四處張望、逗留，熱鬧、美景全不去看，甚至帽子被風颳跑了也不肯花費時間去撿，當然會比較快地到達極頂。

從實踐看，往往是奮鬥的目標越鮮明、越具體，就越有益於成功。正如作家高爾基所說：「一個人追求的目標越高，他的才能就發展得越快，對社會就越有益。」

西元前三百多年，雅典有個叫德摩斯梯尼的人，年輕時立志做一個演說家。於是，他四處拜師，學習演說術。為了練好演說，他建造了一間地下室，每天在那裏練嗓音；為了迫使自己不能外出郊遊，一心訓練，他把頭髮剪一半留一半；為了克服口吃、發音困難的缺陷，他口中含著石子朗誦長詩；為了矯正身體某些不適當的動作，他坐在利劍下；為了修正自己的面部表情，他對著鏡子演講。經過苦練，他終於成為當時「最偉大的演說家」。

我國東漢時期的思想家、哲學家王充，少年喪父，家裏很窮，但他立志要學有所成。首先，他通過優異的成績獲得鄉里的保送，進入了當時的全國最高學府——太學，利用太學裏的藏書來豐富自己的頭腦。其後，當太學裏的書不能滿足他而自己又無錢購買時，便把市上的書鋪當書房，整天在裏面讀書，通過幫人家幹零活兒來換取免費讀書的資格。就這樣，他幾乎讀遍了洛陽城的所有書鋪。由於他積累了豐富的知識，終於成為了我國歷史上著名的學者，並寫出了至今仍有重要價值的著作《論衡》。

明末清初著名的史學家談遷，29歲開始編寫《國榷》。由於家境貧困，買不起參考書，他就忍辱到處求人，有時為了蒐集一點資料，要帶著鋪蓋和食物跑一百多里路。經過27年的艱苦努力，《國榷》初稿寫成了，先後修改六次，長達五百多萬字。不幸的是，初稿尚未出版卻被盜了。這一沉重的打擊，令他肝膽欲裂，痛哭不已。然而這一打擊卻沒有動搖他著書的雄心壯志。他擦乾了眼淚，又從頭寫起。他不顧年老多病，東奔西走，歷時八、九載，終於在65歲時，寫成了這部卷帙浩繁的巨著。

目標會使我們興奮，目標會使我們發奮，因為走向目標便是走向成功，達到目標便是獲得成功。成功是人的高級需要，世界上還有什麼能比成功對人有更巨大而持久的吸引力呢？

4．遠大的理想是你偉大的目標

在一個建築工地上，有三個工人正在砌一堵牆。

有人過來問：「你們在幹什麼？」

第一個人沒好氣地說：「沒看見嗎？砌牆。」

第二個人抬頭笑了笑說：「我們在蓋高樓。」

第三個人邊幹活邊哼著歌，他的笑容很燦爛：「我們正在建設一個城市。」

十年後，第一個人在另一個工地上砌牆；第二個人坐在辦公室裏畫圖紙，他成了工程師；而第三個人呢？是前面兩個人的老闆。

三個原本是一樣境況的人，對一個問題的三種不同回答，展現了他們不同的人生理想。十年後還在砌牆的那個人胸無大志，還幹老本行；當上工程師的那個人理想比較現實；成為老闆的那個人志向高遠。最終他們的理想決定了他們的命運：想得最遠的走得也最遠，沒有想法的只能在原地踏步。

理想是與一個人的願望相聯繫的，是對未來的一種設想，它往往和目前的行動不直接聯繫。但理想又不能脫離現實的生活，現實生活中的某些現象如果符合了個人的需要，與個人的世界觀一致，這些現實的因素就會以個人的理想的形式表現出來。理想總是對現實生活的重新加工，捨棄其中的某些成分，又對某些因素給予強調的過程，但它必須以對客觀規律的認識為基礎，符合客觀規律。

能實現自己理想的人，對他個人而言，他是一個成功者，也是個幸福者。理想是成功的必要條件，但是僅僅擁有理想，你不一定能獲得成功；不過如果沒有理想，成功對你而言，就無從談起。

遠大的美好理想能吸引人為實現它而努力奮鬥不止。每當你懈怠、懶惰的時候，理想會猶如清晨叫早的鬧鐘，將你從睡夢中驚醒；每當你感到疲憊、步履沉重的時候，理想就似沙漠之中生命的綠洲，讓你看到希望；每當你遇到挫折、心情沮喪的時候，理想又猶如破曉的朝日，驅散滿天的陰霾。

在理想的驅策下，人們能不斷地激勵自己，獲得精神上的力量，煥發出超強的鬥志。能執著於自己理想的人，是不可能也不會被打敗的。

5．有理想的人生活永遠是積極的

如果一個人沒有理想，沒有張開理想的翅膀，那麼他是無法擁抱成功的。

上天對人都是公平的，每個人的每一天都是24個小時，每個人的所有時間都是一生；同時上天對每一個人都是不公平的，給每一個人的時間都不是24個小時，給每一個人的所有時間都不是一生。這之間的區別就在於有無理想。

有理想的人的生活永遠是積極的，他們會朝著自己的理想不斷前進；沒有理想的人渾渾噩噩，不思進取，最後將被生活淘汰。

從前有個叫阿巴格的人，他生活在內蒙古的草原上。有一次，年少的阿巴格和他爸爸在草原上迷了路，阿巴格又累又怕，到最後快走不動了。爸爸就從口袋裏掏出5枚硬幣，把1枚硬幣埋在草地裏，把其餘4枚放在阿巴格的手上，對他說：

「人生有5枚金幣，童年、少年、青年、中年、老年各有1枚，你現在才用了1枚，就是埋在草地裏的那一枚，你不能把5枚都扔在草原裏，你要一點點地用，每一次都用出不同來，這樣才不枉人生一世。今天我們一定要走出草原，你將來也一定要走出草原。世界很大，人活著，就要多走些地方，多看看，不要讓你的金幣沒有用就扔掉。」

在父親的鼓勵下，阿巴格走出了草原。長大後，阿巴格離開了家鄉，這個來自內陸地區的少年，成了一名十分優秀的船長。

有人說理想永遠屬於年輕人，這種認識是錯誤的。固然年輕人容易表現出追求理想，但是理想並不是年輕人的專利。麥當勞的創始人雷・克洛克到50多歲的時候還是一個很平凡的小商人，但他從來沒有放棄過，最後他的成就，是大家有目共睹的。

6．飛向夢想的天空

一八八八年，美國銀行家莫爾當選為副總統。在他執政期間，聲譽卓越。

當時，美國農業部的一位祕書威爾遜了解到副總統曾是一個小布匹商人。從一個小布匹商到副總統，為什麼會發展得這麼快？他帶著這個問題拜訪了莫爾。

莫爾說：「我做布匹生意真的很成功。可有一天，我讀了文學家愛默森的一本書，書中的一段話打動了我。書中是這樣寫的：『一個人如果擁有一種人家需要的才能和特長，不管他處在什麼環境，有一天終會被人發現。』

「這段話讓我怦然心動，冥冥之中我覺得自己應該向更大的空間發展。這使我想到了當時最重要的金融業。於是，我不顧別人的反對，放棄布匹生意，改營銀行，最終成為金融巨頭。」

正是因為莫爾的心中有了在金融業大展宏圖的目標，他才會成為金融巨頭；否則，他到最後也只能是個賣布匹的小商人。

另外，還有一對牧羊人兒子的故事——

多年前，一位勞苦的牧羊人領著兩個年幼的兒子以替別人放羊來維持生計。一天，他們趕著羊來到一個山坡，這時，一群大雁叫著從他們的頭頂上飛過，並很快消失在遠處。牧羊人的小兒子問他的父親：「大雁要往哪裏飛？」

「它們要去一個溫暖的地方，在那裏安家，度過寒冷的冬天。」牧羊人說。

他的大兒子眨著眼睛羨慕地說：「要是我們也能像大雁一樣飛起來就好了，那我就要飛得比大雁還要高，去天堂，看媽媽是不是在那裏。」

小兒子也對父親說：「做個會飛的大雁多好啊！那樣就不用放羊了，可以飛到自己想去的地方。」

牧羊人沉默了一下，然後對兩個兒子說：「只要你們想，你們也能飛起來。」兩個兒子試了試，並沒有飛起來。他們用懷疑的眼神看著父親。

牧羊人說，讓我飛給你們看，於是他飛了兩下，也沒飛起來。牧羊人肯定地說。「我是因為年紀大了才飛不起來，你們還小，只要不斷努力，就一定能飛起來，去想去的地方。」

兒子們牢牢地記住了父親的話，並一直不斷地努力，等他們長大以後，果然飛起來了，他們發明了飛機，他們就是美國的萊特兄弟。

因此，理想就是這樣一支火把，它能最大限度地燃燒一個人的潛能，指引他飛向夢想的天空。

7．培養自己崇高的信念

人類是自己思想的產物，所以你應當有高標準，提高自信心，並且執著地相信必能成功。高標準會使你朝高處走。

哈佛大學的一位教授主持了一個非常有趣的實驗，實驗的對象是三群學生與三群老鼠。

他對第一群學生說：「你們很幸運，你們將和一些天才小白鼠同在一起。這些小白鼠相當聰明，它們會到達迷宮的終點，它們特別喜歡吃乳酪，所以要多買一些餵它們。」

他告訴第二群學生說：「你們的小白鼠只是一些普通的小白鼠，不太聰明。它們最後還是會到達迷宮的終點的，它們喜歡吃乳酪，我想你們也許會買乳酪讓它們吃，但是不要對它們期望太高，它們的能力與智慧都很普通。」

他告訴第三群學生說：「這些小白鼠是真正的笨蛋。如果它們能找到迷宮的終點，那真是太走運了。它們的表現基本上不可能太好，所以你們只要在迷宮終點畫上乳酪就行了。」

以後六個星期，學生們都在精心地從事實驗。

天才小白鼠就像天才人物一樣地行事，它們在短時間內很快就到達了迷宮的終點。你期望從一群「普通小白鼠」那裏得到什麼結果呢？它們也會到達終點，但是在這個過程中並沒有創下任何速度記錄。至於那些愚蠢的小白鼠，那就更不用說了，它們都有真正的困難，只有一隻最後找到了迷宮的終點，那可以說是一個明顯的意外。

有趣的事情是，根本沒有所謂的天才小白鼠和愚蠢小白鼠之分，它們都是同一窩小白鼠中的普通小白鼠。這些小白鼠的成績之所以不同，是參加實驗的學生態度不同而產生的直接結果。

簡而言之，學生們因為聽說小白鼠不同而採取了不同的態度，而不同的態度導致了不同的結果。學生們並不懂得小白鼠的語言，但是小白鼠懂得態度，因而態度也就是一種語言。

「人生的法則」就是「信念的法則」。在「運氣」這個詞的前面應該再加上一個詞，就是「勇氣」。相信運氣可以支配個人命運的人，總是在等待著什麼奇蹟的出現。這種人只要他上床稍稍躺一下，就會夢見中了大獎或者是挖到了金礦；而那些不這樣想的人，就會依據個人心態的趨向為他自己的未來去不斷努力。

依賴運氣的人們常常滿腹牢騷，只是一味地期待著機遇的來臨。至於獲得成功的人，他覺得唯有信念方能左右命運，因此他只相信自己的信念。

在別人看來不可能的事，如果當事人能從潛在意識去認為「可能」，也就是相信可能做到的話，事情就會按照那個人信念的強度如何，而從潛意識中激發出極大的力量來。這時，即使表面上看來不可能的事，也能夠做到了。

成功意味著擁有許多美好、積極的事物。成功——成就，就是生命的最終目標。人人都希望成功，最實用的成功經驗，那就是『堅定不移的信心』。可是真正相信自己的人並不多，結果，真正做到的人也不多。

有時候，你可能會聽到這樣的話：「光是像阿里巴巴那樣喊『芝麻，開門』，就想使門真的移開，那是根本不可能的。」說這話的人把「信心」和「想像」等同起來了。不錯，你無法用「想像」來移動一座山，也無法靠「想像」來實現你的目標，但是只要有信心，你就能移動一座山。只要相信你能成功，你就會贏得成功。

關於信心的威力，並沒有什麼神奇或神祕可言。信心起作用的過程其實很簡單：相信「我確實能做到」的態度，產生了能力、技巧與精力這些必備條件，每當你相信「我能做到」時，自然就會想出「如何去做」的方法。

大部分的人可能都認為自己不是個成功的人，而且也認為成功對自己來說是不可能實現的。的確，成功的人不多，所以你或許是個不幸的人。但真正的事實卻是：其實任何人都有成功的機會，只是想不想去獲得它而已。如果你早已放棄成功的想法，那麼機會就會棄你而去。

如果你想成功的話，首先必須希望成功，並且相信自己會成功。

8．點燃自己的希望之燈

我們要在心中為自己點燃一盞希望之燈，當我們感到失望和困惑時，便用它去照亮前方的道路，從而看到遠方的光明，鼓舞自己堅定地走下去。

從前，有一對相依為命的老少瞎子，每日裏靠彈琴賣藝來維持生活。

一天，老瞎子終於支撐不住，病倒了，他自知不久將離開人世，便把小瞎子叫到床頭，緊緊拉著小瞎子的手，吃力地說：「孩子，我這裏有個祕方，這個祕方可以使你重見光明。我把它藏在琴裏面了，但你千萬記住，你必須在彈斷第一千根琴弦的時候，才能把它取出來；否則，你是不會看見光明的。」

小瞎子流著眼淚答應了師父，老瞎子含笑離去。

一天又一天，一年又一年，小瞎子用心記著師父的遺囑，不停地彈啊彈，將一根根彈斷的琴弦收藏著，銘記在心。

當他彈斷第一千根琴弦的時候，當年那個弱不禁風的少年已到了垂暮之年，變成一位飽經滄桑的老者。

他按捺不住內心的喜悅，雙手顫抖著，慢慢地打開琴盒，取出祕方。然而，別人告訴他，那只是一張白紙，上面什麼都沒有。淚水滴落在紙上，但他卻笑了。

師父騙了小瞎子，這位過去的小瞎子如今的老瞎子，拿著一張什麼都沒有的白紙，為什麼反倒笑了？

就在拿出「祕方」的那一瞬間，他突然明白了師父的用心，雖然是一張白紙，但卻是一個沒有寫字的祕方，一個難以竊取的祕方。只有他，從小到老彈斷一千根琴弦後，才能了悟這無字祕方的真諦。

那祕方是希望之光，是在漫漫無邊的黑暗摸索與苦難煎熬中，師父為他點燃的一盞希望的燈。倘若沒有它，他或許早就會被黑暗吞沒，或許早就已在苦難中倒下。就是因為有這麼一盞「希望的燈」的支撐，他才堅持彈斷了一千根琴弦。他渴望見到光明，並堅定不移地相信，黑暗不是永遠，只要永不放棄地努力，黑暗過去，就會是無限的光明。

然而，這樣的過程是一個痛苦而漫長的積累過程，許多人沒有成功便是因為耐不住寂寞和痛苦，而半路退卻了。

的確，積累的過程是枯燥乏味的，很容易讓人心裏厭煩，也正因為如此，我們要在心中為自己點燃一盞「希望之燈」。

這盞「希望之燈」便是故事中的那個「祕方」，其實它不過是我們自己為自己設定的一個理想和目標。

9．珍惜自己最寶貴的財富

每一個人都必須有自己的理想。

理想是什麼？這個問題每一個人都必須經常問自己。如果你沒有問過，建議大家現在就開始問一下：我的理想是什麼？我以後究竟要成為一個什麼樣的人？

有的人從剛醒的那一刻，就已經過完了一整天，有的人到睡下去的那一刻之前，還在高效率地利用時間。

曾經有一個喜歡觀察外面世界的人，喜歡看芸芸眾生。有次他特意從很遠的地方坐車回家，在車上他望著窗外的人，他們十分忙碌、十分辛勞，偶爾遇到一兩個優閒自得的人，也沒有看出來他們有些許幸福。這些人過的生活不是他想過的，這些人對於他來說，是他一輩子都想迴避的人，他不能和他們為伍，那樣遲早他會甘於平庸下去的。說一句十分不客氣的話，他不想像他們一樣成為行屍走肉。

做一個人和一具行屍走肉的區別，在於這個人有沒有理想。有理想的人會朝著理想一步步地前進，對於他們來說，每天一睜開眼睛就有目標，他們每天都朝著目標前進，因此日子也過得十分充實。沒有理想的人每天都沒有目標，他們只是過著慣性的日子，在習慣中過每一天，最後到老了仍一無所成。

人最可怕的就是夢醒了卻發現無路可走。他怕真的夢醒了無路可走，所以每天都給自己定下目標，每天都按照目標來不斷地糾正自己的行為，該做什麼，不該做什麼，目標會明白無誤地告訴他。他不想像行屍走肉一樣生活著，那樣活著沒有多少意思。最後他走了出去，到自己想去的地方去，取得了很大的成功。他永遠珍視自己那次很有收穫的經歷，把它作為最寶貴的財富。

10．卓越來源於夢想

從前，有兩個兄弟，老大想到北極去，而老二只想走到北愛爾蘭。有一天，他倆從牛津城出發，結果兩人都沒有到達目的地，但老大到達了北愛爾蘭，而老二僅僅走到了英格蘭北端。

有句蘇格蘭諺語說：「扯住金製長袍的人，或許可以得到一隻金袖子。」那些志存高遠的人所取得的成就，必定是遠遠地離開了起跑點。即使你的目標沒有完全實現，你為之付出的努力本身也會讓你受益終生。

一個具有崇高生活目的和思想目標的人，毫無疑問會比一個根本沒有目標的人更有作為。

吉伯特·卡普蘭在25歲的時候創辦了自己的第一份雜誌。他是一個完全醉心於工作的人。在15年的時間裏，他把自己的雜誌辦成了發行量巨大的知名雜誌之一。他幾乎夜以繼日地工作著。可是在他40歲的時候，他卻突然出售了自己的企業，出什麼事了？

有一天，他聽了馬勒的第二交響曲，樂曲深深地吸引了他，喚醒了他內心深處沉睡已久的東西。更重要的原因是他認為應該重新演繹馬勒的第二交響曲，他覺得缺了點什麼，他聽到的演奏不符合馬勒的原意。

他出售了自己的企業，決定要成為一個指揮家。所有的專業人士都一致認為他的做法是一次希望渺茫的冒險。因為卡普蘭在此之前從來沒有做過指揮，也根本不會演奏任何樂器。一個甚至連樂譜都讀不懂的經理——40歲——當指揮，這簡直可笑極了。可是，這些批評意見動搖不了卡普蘭的決心，他甚至將目標定得更高了：他要以一種全新的方式來演繹馬勒的作品。

然後他就開始學習，他向最優秀的指揮家求教。他請了老師，不斷地為自己的夢想而奮鬥，只過了兩年，他的夢想就成為了現實。一九九六年，吉伯特·卡普蘭演奏了美國最成功的古典作品集，在同一年裏，他作為一名受人仰慕的指揮家，出席了薩爾茨堡音樂節的開幕式。

無論是誰，都不能忽視夢想的力量。

美國潛能成功學大師安東尼・羅賓說：「如果你是個業務員，賺1萬美元容易，還是10萬美元容易？告訴你，是10萬美元！為什麼呢？如果你的目標是賺1萬美元，那麼你的打算不過是能糊口便成了。如果這就是你的目標與你工作的原因，請問你工作時會興奮有勁嗎？你會熱情洋溢嗎？」

夢想越大，成就就會越高，人生真的是夢做出來的。越是卓越的人生越是夢想的產物。可以說，夢想越高，人生就越豐富，取得的成就就會越卓越。夢想越低，人生的可塑性就會越差。也就是慣常說的：「期望值越高，達成期望的可能性越大。」

把你的夢想提升起來，它不應該退縮在一個不恰當的位置，接受夢想的牽引吧！

一個夢想大的人，即使實際做起來並沒有達到最終的目標，可他實際達到的目標可能會比夢想小的人的最終目標還大。所以，夢想不妨大一點，這可謂是成功的哲學。

11・少追求物質多追求理想

美國的亞歷山大・辛得勤指出：人生的藝術，只在於進退適時，取捨得當。因為生活本身即是一種悖論：一方面，它讓我們依戀生活的饋贈；另一方面，又注定了我們對這些禮物最終的棄絕。正如俗語所說：「人生一世，緊握雙拳而來，平攤兩手而去。」

人生是如此的神奇，這神靈的土地，分分寸寸都浸潤於美之中，我們當然要緊緊地抓住它。這，我們是知道的，然而這一點，又常常只是在回顧往昔的時候才為人覺察，可是一旦覺察，那樣美好的時光已是一去不復返了。凋謝了的美，逝去了的愛，銘記在我們的心中。生活的饋贈是珍貴的，只是我們對此留心甚少。人生真諦的要旨之一是：告誡我們不要只是忙忙碌碌，以至錯失掉生活中可歎、可敬之處。虔誠地恭候每一個黎明吧！擁抱每一個小時，抓住寶貴的每一分鐘！

執著地對待生活，緊緊地把握生活，但又不能抓得過死，鬆不開手。人生這枚硬幣，其反面正是那悖論的另一要旨：我們必須接受「失去」，學會怎樣鬆開手。

這種教誨確是不易領受的，尤其當我們正年輕的時候，滿以為這個世界將會聽從我們的使喚，滿以為我們用全身心的投入所追求的事業都一定會成功。而生活的現實仍是按部就班地走到我們的面前，於是，這第二條真理雖是緩慢的，但也是確鑿無疑地顯現出來。

我們在經受「失去」中逐漸成長，經過人生的每一個階段，我們在失去娘胎的保護後才來到這個世界上，開始獨立的生活；而後又要進入一系列的學校學習，離開父母和充滿童年回憶的家庭；結了婚，有了孩子，等孩子長大了，又只能看著他們遠走高飛。我們要面臨雙親的謝世和配偶的亡故，面對自己精力逐漸的衰退。最後，我們必須面對不可避免的自身死亡，我們過去的一切生活，生活中的一切夢想都將化為烏有！

但是，我們為何要臣服於生活的這種自相矛盾的要求呢？明明知道不能將美永久保持，可我們為何還要去造就美好的事物？我們知道自己所愛的人早已不可企及，可為何還要使自己的心充滿愛戀？

要解開這個悖論，必須尋求一種更為寬廣的視野，透過通往永恆的視窗來審度我們的人生。一旦如此，我們即可醒悟：儘管生命有限，而我們在世界上的「作為」卻為之織就了永恆的圖景。

人生絕不僅僅是一種作為生物的存活，它是一些莫測的變幻，也是一股不息的奔流。我們的父母通過我們而生存下來，我們也會通過自己的孩子而生存下去。我們建造的東西將會留存久遠，我們自身也將通過它們得以久遠的生存。我們所選就的美，並不會隨我們的湮沒而滅。我們的雙手會枯萎，我們的肉體會消亡，然而我們所創造的真、善、美則將與時俱在，永存而不朽。

查斯特・菲爾德爵士提醒我們：「不要枉費了你的生命，要少追求物質，多追求理想。因為只有理想才賦予人生以意義，只有理想才使生活具有永恆的價值。」

12・將你的眼光盯往一個目標

有這樣一個現象：最著名的成功商人都是那些能夠迅速果斷地作出決定的人，他們工作時總有一個明確的主要目標，他們都是把某種明確而特定的目標當做自己努力的重要推動之力。

因此，你一定要努力尋找這種特別適合於你的工作或行業，把它當做你明確的主要目標，然後集中你所有的力量，向它發起攻擊，並確信自己一定會獲勝。在你尋找最適合自己的工作的過程中，如果你能謹記下面這一事實，必然對你極有幫助：找出你最喜歡的工作之後，你極有可能獲得很大的成功，這是眾人皆知的事實。一個人若能從事他可以投注全部心力的某種特別的工作，他通常可以獲得最大的成就。

有人說：如果一個人一輩子只做一件事情，那樣的話，那件事情一定是一件精品，或許會流傳下去的。

自然，一輩子只做一件事情，需要很大的勇氣、很多的耐心，要耐得住寂寞。那樣，你就要把眼睛死死地盯住你的目標。

古往今來，凡是有所作為的科學家、藝術家或思想家、政治家，無不注重人生的理想、志向和目標。何謂目標呢？它猶如人生的太陽，驅散人們前進道路上的迷霧，照亮人生的路標。目標是一個人未來生活的藍圖，又是人的精神生活的支柱。

德國昆蟲學家法布林這樣勸告一些愛好廣泛而收效甚微的青年，他用一塊放大鏡子示意說：「把你的精力集中放到一個焦點上去試一試，就像這塊凸透鏡一樣」。這實際上是他個人成功的經驗之談。他從年輕的時候起就專攻「昆蟲」，甚至能夠一動不動地趴在地上仔細觀察昆蟲長達幾個小時。

怎樣才能讓眼睛不離開目標呢？一是要確定目標；二是要考察自己的長處和短處，結合自己的情況，揚長避短。

目標聚焦，雖然方向正確、方法對頭，但成功的機遇有時可能會姍姍來遲。如果缺乏堅韌不拔的意志，就會出現功敗垂成的悲劇。生物學家巴斯德說過：「告訴你使我達到目標的奧祕吧，我的唯一的力量就是我的堅持精神。」

很多成就事業的人都是如此。如洪昇寫作《長生殿》用時9年，吳敬梓寫作《儒林外史》用時14年；阿・托爾斯泰寫作《苦難的歷程》用時20年，列夫・托爾斯泰寫作《戰爭與和平》用時37年，司馬遷寫《史記》更是耗盡了畢生精力等。我國古代著名醫師程國彭在論述治學之道時所說的「思貴專一，不容浮躁者問津；學貴沉潛，不容浮躁者涉獵」，講的就是這個道理。

馳名中外的舞蹈藝術家陳愛蓮在回憶自己的成才道路時，也告訴人們「聚焦目標」的際遇：「因為熱愛舞蹈，我就準備一輩子為它受苦。在我的生活中，幾乎沒有什麼

『八小時』以內或以外的區別，更沒有假日或非假日的區別。筋骨肌肉之苦，精神疲勞之苦，都因為我熱愛舞蹈事業而產生。但是我也是幸福的，我把自己全部精力的焦點都對準在舞蹈事業上，心甘情願為它吃苦，從而使我的生活也更為充實、多彩，心情更加舒暢、豁達。」

羅斯福總統夫人本來在班寧頓學院念書時，修幾個學分，只想未來在電訊業中找一份工作。她父親為她約好去見他的一個朋友——當時擔任美國無線電公司董事長的薩爾洛夫將軍。

羅斯福夫人回憶說：「將軍問我想做哪種工作，我說隨便吧。將軍卻對我說，沒有一類工作叫『隨便』。他目光逼人地提醒我說，成功的道路是由目標鋪成的！」

著名哲學家黑格爾曾說過一句話：「一個有品格的人，即是一個有理智的人。由於他心中有確定的目標，並且堅定不移地以求達到他的目標……他必須如歌德所說，知道限制自己；反之，那些什麼事情都想做的人，其實什麼事都不能做，而終歸於失敗。」

是的，機遇就在目標之中。用眼睛盯住目標，必須用理智去戰勝飄忽不定的興趣，不要見異思遷。正如美國作家馬克・吐溫所說的：「人的思維是了不起的。只要專注於某一項事業，那就一定會做出使自己都感到吃驚的成績來。」

13·目標需要一個切實可行的計畫

如果你已經更加堅定了樹立明確的人生目標的重要性，那麼如何確定自己的目標，如何保證自己的目標得以實現則是非常重要的了。

西方國家的一些成功學文章認為，在設定目標後——「向成功人士學習，做成功者的事情，加以運用到自己身上，然後再以自己的風格，創出一套自己的成功哲學和理論。」——加上實踐，就可以獲得成功。

對成功者來說，個人的成長、貢獻、創造力、愛情及與他人分享成功的歡樂，使他們成為不平常的人，但他們的目標卻是普通的。

明確地寫下已確定的目標，有助於達到目標。大多數人沒有達到自己目標的原因，是他們沒有確定的目標。他們從未嚴肅地考慮過這一點；即使有了目標，也把它當做不可信的和無法實現的。換句話說，他們從沒確定過目標，他們失敗是因為不按計劃去做。成功者則可告訴你應去哪兒，大約多長時間，為什麼去那兒，沿途做些什麼，同誰共患難。

做一個能讓一生成功的計畫吧！

具體來說，成功的計畫應該是這樣的——

一生的目標是什麼？怎樣去達到目標？要設定多久的時間達到？

將這些大概地寫在紙上。

例如，在下面八個方面制定出今後五年中的主要目標——

生涯、體力、家庭、個人態度、經濟、公共事業、教育和娛樂。

列出明年準備實施的計畫，從上面八個方面檢查一下自己本年度目標的進展情況，在12月31日或1月1日具體實施自己這一年的計畫。

在桌曆上記錄下月要做些什麼，達到什麼樣的目的，為了達到年度的目標，要同哪些人取得聯繫。

用一個小記事本記錄下一週的行程，確定下週自己要達到的目的和要進行的活動，每天早晚總結一下完成的情況。

確定每天的具體工作。每天工作結束後，擬出明天準備做的工作計畫。每天睡覺前和第二天早上起床前要核對一下當天工作完成的情況，儘量不要把沒有完成的工作拖到第二天。

設計一個以經濟上的成功刺激個人成長的計畫。考慮一下自己到退休時可達到的收入水準，現在就著手努力。檢查一下自己目前的收支情況，以及應付緊急情況和意外事故的存款情況。計畫下一個月的收支，訂出一個節餘計畫。

對自己的每一個目標，都要考慮相關的資料，蒐集有助於自己的目標完成的材料。

如報紙、書籍、網路、雜誌上剪下的圖畫、消費報告、彩色樣品等等。

經常與成功者或有關的專家交往，取得他們的幫助，要認真區分誰是不誠實的人，誰是真心要幫助你的人。

另外，下面這些訓練將有助於你找準自己人生的航向。

一、審問你自己

在你的內心裏審問一下自己：「到這個世界，我想要什麼？我要達到什麼樣的目的？我豎起人生的燈塔了嗎……」

「我想要什麼」就是你的人生目標；而你的人生燈塔，就是你遠航的起跑線。沒有目標，就沒有前進的方向；沒有起跑線，就無從規劃自己的航程。

繪製你的夢想藍圖——專門留出一個特定的時間，思考規劃你的理想。避開一切干擾，別讓他人打斷你的思路。你可以選擇一個比較幽靜的地方，然後獨自發問，並寫下這些問題的答案——

(1) 在我的一生中，我能想像自己作出的最偉大的事情是什麼？

(2) 我這輩子到底想要什麼？我的欲求何在？

(3) 我有什麼才幹和天賦？哪些事我幹起來最得心應手，或做起這些事來，我會比我認識的人做得更好？

(4) 我對什麼事最有激情？什麼東西最能令我神往衝動？如果有——是什麼？

(5) 我所處的時代和環境有何特別之處？哪些因素容易產生成功的動機？

(6) 我羨慕的成功人士有哪些？我應該學習他們的哪些優點？

上述過程要每年重複一次，或者在你覺得有必要時就重做一次，這樣便於及時修正你的目標。如果幾年來你抱著同一個理想，而且你覺得在新環境中產生的這個理想更具魅力，那麼，你就很可能已經瞄準了人生中的一個最理想的目標了。目標一旦確定，你就要通過各種方式把它表現出來，變成具體可行的計畫和行動。把你的目標清楚地表述出來，可以使你集中精力，發揮潛能，讓夢想一步步靠近你。

二、立即行動

目標制定以後，你就要立即開始行動了。

要「三思而後行」，千萬不要「三思而不行」。那種那種「思想的巨人、行動的矮子」的傢伙，終將一事無成。苦思冥想而不去實踐，只能是做白日夢。

(1) 每天早晨將你的夢想清單和人生目標大聲念一遍。

(2) 精心規劃各個時期的進度。你可以按小時、按天或按月去制定。

(3) 切實保證計畫的實施。

不要拖延，你已經知道，你要燒的木材必須由你自己來砍，你由喝的水要由自己來挑，你生命中明確的主要目標要由你自己來決定，那麼為什麼不儘快實行你早已知道的道理與原則呢？

從現在開始，分析你的欲望，找出你真正需要的，然後下定決心去得到它。當你在選擇你「明確的主要目標」時，必須謹記，不能把目標定得太高太遠。

另外，還要記住一個永遠不變的真理：

如果不在一開始就定下明確的目標，那麼你將無所成就。如果你生命中的目標模糊不清，你的成就也將難以確定，即使有的話，也微不足道。要先弄清楚你自己需要什麼，什麼時候需要，你為什麼需要，以及你打算如何得到。

14・遠離沒有抱負的日子

在生活中，有那麼多人沒有確定的目標和抱負，沒有良好的人生計畫，而只是一天天地得過且過，持有這種人生態度的，不要說取得全面的成功，即便是想取得某一領域的成功也是不可能的。

在生活的汪洋中，我們隨處都可以看到一些年輕人，他們只是毫無目標地隨波逐流，既沒有固定的方向，也不知道該停靠在何方，在渾渾噩噩中虛度了多少寶貴的光陰，荒廢了多少青春的歲月。他們在做任何事時都不知道其意義的所在，只是被挾裹在擁擠的人流中被動地前進。如果你問他們中的一個人打算做什麼，他的抱負是什麼，他會告訴你，他自己也不知道到底要去做什麼？他只是在那兒漫無目的地等待機會，希望以此來改變生活。

怎麼可能指望一個在生活中沒有目標的人到達某個目的地呢？怎麼可能指望這樣的人不處在混沌和迷惘當中呢？

從來沒有聽說過有什麼懶惰閒散、好逸惡勞的人曾經取得多大的成就。只有那些在達到目標的過程中面對阻礙全力拼搏的人，才有可能達到成功的巔峰，才有可能走在時代的前列。

對於那些從來不嘗試著接受新的挑戰，那些無法迫使自己去從事那些對自己最有利的卻顯得艱辛繁重的工作的人來說，他們是永遠不可能有太大的成就的。

任何人都應該對自己有嚴格的要求。不能一有機會就無所事事地打發時光；不能夠放任自己清晨賴在床上；也不能只在感到有工作的心情時才去工作，而必須學會控制和調節自己的情緒，不管是處於什麼樣的心境，都應當強迫自己去工作。

絕大多數胸無大志的人之所以失敗，是因為他們太懶惰了，因而根本不可能取得成功。他們不願意從事含辛茹苦的工作，不願意付出代價，不願意作出必要的努力。他們所希望的只是過一種安逸的生活，盡情地享受現有的一切。在他們看來，為什麼要去拼命地奮鬥、不斷地流血流汗呢？何不享受生活並安於現狀呢？

對那些不甘於平庸的人來說，養成時刻檢視自己抱負的習慣，並永遠保持高昂的鬥志，這是完全必要的。要知道，人生一切都取決於我們的抱負。一旦它變得蒼白無力，所有的生活標準都會隨之降低。我們必須讓理想的火炬永遠點燃，並使之閃爍出熠熠的光芒。

如果一個人胸無大志、遊戲人生，那是非常危險的。

當一個人服用了過量的嗎啡時，醫生知道這時候睡眠對他來說就意味著死亡，因而會想方設法讓他保持清醒。有的時候，為了達到這個目的就必須採用一些非常特別的手段，比如使勁地捏、掐病人，或者是對他進行重擊，總之，必須用一切可能的手段來驅逐睡魔。在這種情況下，一個人的意志力就起著決定性的作用；一旦他意志消沉，陷入睡眠，那麼他很可能就再也不會醒來了。

我們到處都可以見到這樣一些人，他們有著最良好的裝備，具備一切最理想的條件，而且也似乎是正在整裝待發，然而，他們行動的腳步卻遲遲不能挪動，他們並沒有抓住最好的時機。造成這一現象的原因就在於，在他們身上沒有前進的動力，沒有任何的抱負。

一隻手錶可能有著最精緻的指針，可能鑲嵌了最昂貴的寶石，然而，如果它缺少發條的話，仍然一無用處。同樣，人也是如此，不管一個年輕人受過多麼高深的教育，也不管他的身體是多麼健壯，如果缺乏遠大的志向的話，那麼他所有其他的條件無論多麼優秀，都沒有任何意義。

有這樣一些頗具才幹的人，儘管出了社會多年，但仍然沒有選擇好一生的職業，他們說並不知道自己適合做什麼。對於這樣的人來說，即便是再怎麼才華橫溢，也會在漫無目的的東碰西撞中磨蝕了身上的銳氣。

雄心抱負通常在我們很小的時候就初露鋒芒。如果我們不注意仔細傾聽它的聲音，如果它在我們身上潛伏很多年之後一直都沒有得到任何鼓勵，那麼，它就會逐漸停止萌動。原因很簡單，就跟許多其他沒被使用的品質或功能一樣，當它們被棄置不用時，它們也就不可避免地趨於退化或消失了。

這是自然界的一條定律，只有那些被經常使用的東西，才能長久地煥發生命力。一旦我們停止使用我們的肌肉、大腦或某種能力，退化就自然而然地發生了，而我們原先所具有的能量也就在不知不覺中離開了我們。

如果你沒有去注意傾聽心靈深處「努力向上」的呼聲，如果你不給自己的抱負時時刻刻鞭策加油，如果你不通過精力充沛的實踐有效地對其進行強化，那麼，它很快就會萎縮死亡。

沒有得到及時支持和強化的抱負就像是一個拖延的決議，隨著願望和激情一次次地被否定，它要求被認同的呼聲也越來越微弱，最終的結果就是理想和抱負的徹底消亡。

在我們周圍的人群中，這種到最後抱負消亡、理想滅失的人數不勝數。儘管他們的外表看來與常人無異，但實際上曾經一度在他們的心靈深處燃燒的熱情之火，現在已經熄滅了，取而代之的是無邊無際的黑暗。他們在這塊大地上行走，卻彷彿只是沒有靈魂的行屍走肉，他們的生活也就變得毫無意義。不管是對他們自己還是對這個世界，他們的存在都變得毫無價值。

如果說在這個世界上存在著一些可憐卑微的人的話，那麼毫無疑問，那些抱負消亡的人就是其中的一類——他們一再地否定和壓制內心深處要求前進和奮發的吶喊，由於缺乏足夠的燃料，他們身上的理想之火已經熄滅了。

對於任何人來說，不管他現在的處境是多麼惡劣，或者先天的條件是多麼糟糕，只要他保持了高昂的鬥志，熱情之火仍然在熊熊燃燒，那麼他就是大有希望的；但是，如果他頹廢消極，心如死灰，那麼，人生的鋒芒和銳氣也就消失殆盡了。

在我們的生活中，最大的挑戰之一就是如何保持對生活的激情，遠離無目的的生活，堅定明確的奮鬥目標，永遠讓熾熱的火焰燃燒，並且保持這種高昂的境界。

有許多人往往以這種想法從心理上欺騙自己、麻醉自己。只要自己有樂觀向上、期盼著實現自己的理想和抱負的想法，他們實際上就已經達到了目標。但是，這種光說不做，或者做起事來拖泥帶水的人，實際上只是在內心裏擔心成功的幻想被拿到現實中去檢驗。他們的等待一方面是打算多享受一會兒「可能成功」的幻想，另一方面是想有可能天降大運，自然功成。然而，天上只下過風雪雨雹，從來沒掉過餡餅和大運。

理想和抱負是需要由眾多的不同種類的養料來進行滋養的，這樣才能使之蓬勃常新。空虛的、不切實際的抱負沒有任何意義。只有在堅強的意志力、堅忍不拔的決心、充沛的體力，以及頑強的忍耐力的支撐下，我們的理想和抱負才會變得切實有效。

第二章

你的青春不夠揮霍

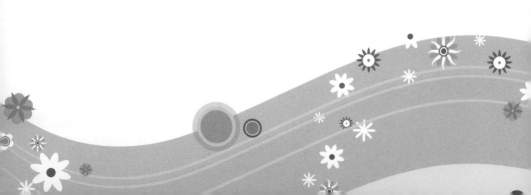

年輕人最引以為驕傲的就是自己有大把的時間，可是，你是否注意到了時間正從你身邊悄悄流逝呢？你懂得珍惜時間嗎？你會珍惜時間嗎？時間是誕生一切的土壤，一切的節約最重要的就是時間的節約。不浪費時間就等於延長了生命。

年輕人要走向成功，首先就要節約時間。在生活中要養成節約時間的良好習慣，形成強烈的時間觀念和時間意識。利用好零散的時間，提高做事的效率，在有限的時間內完成更多的事情，今日事，今日畢。時間就是金錢，時間就是生命，不浪費時間，讓青春的每一分鐘都隨旋律舞動，輕舞飛揚。

1．選擇分秒必爭的活法

法國思想家伏爾泰曾經問過他的學生們這樣一個問題：「世界上什麼東西既是最長的又是最短的，既是最快的又是最慢的，既能分割又不可分割；沒有它，什麼事情都做不成；它使一切渺小的東西歸於消滅，使一切偉大的東西生命不絕。」

大家眾說紛紜，琢磨不透。這時候一個叫查第格的學生站起來說：「最長的莫過於時間，因為它是無窮無盡；最短的也莫過於時間，因為它也是轉瞬即逝的；對於在等待的人，時間最慢；對於在享樂的人，時間最快；它可以無窮無盡地擴展，也可以無限地分割；沒有時間，什麼事情都做不成；時間可以將一切不值得後世紀念的人和事從人們的心中帶走，時間也能讓所有不平凡的人和事永留青史。」

是的，這個神奇而偉大的東西就是「時間」。

關於「時間」德國偉大的哲學家康德，有這樣一段軼事——

康德打算到一個名叫珀芬的小鎮去拜訪朋友威廉・彼特斯。起程前，他曾寫信給彼特斯，約定好3月2日上午11點前在彼特斯的家中見面。3月1日康德到達珀芬的小鎮，第二天，他一早便租了一輛馬車前往。彼特斯家住在離小鎮19公里遠的一個農場裏。小鎮和農場之間有一條河，當馬車來到河邊時，車夫發現橋壞了。康德下車看了看，河雖不寬但水很深且結了薄冰，橋中間已經斷裂，不能通過。

康德焦急地問：「附近還有其他的橋嗎？」

「有，先生，」車夫回答說，「在上游10公里遠的地方還有一座橋。」

康德看了一眼懷錶，已經10點鐘了。

「如果走那座橋，我們什麼時候可以到達農場？」

「我想要到12點半左右。」

「如果我們走前面這座橋，最快在什麼時間能到？」

「40分鐘之內。」

於是，康德跑到河邊的一座農舍裏，車夫看著他疑惑不解。這時康德向農舍主人問道：「請問您的那間小木屋，要多少錢才肯出售？」

農夫聽了，大吃一驚。

心想：「我這破舊的木屋，這麼簡陋，怎麼會有人要呢？」

康德看出農夫的疑惑就說：「您不用疑惑，您願意還是不願意呢？」

「給二百法郎吧。」

康德付了錢，然後說：「如果您能馬上從小木屋上拆下幾根長木條，20分鐘內把橋修好，我就把這個小木屋送給您。」

農夫把兩個兒子叫來，按時完成了任務。

馬車就這樣快速過了橋，在鄉間公路上飛奔著，10點55分的時候，康德終於趕到了彼特斯的農場。

在門口迎接的彼特斯高興地說：「親愛的朋友，您真準時。」

康德為了準時赴約，不惜花費200法郎重新修橋，這體現了他的品德修養和人格魅力，更體現了康德對時間的重視，正是他對每一分每一秒的珍視才成就了他偉大的人生。世界上沒有全能的天才，每一個成功的人背後都是分秒必爭的。

當有人問魯迅怎麼能夠取得如此的成就時，魯迅意味深長地說：「我不過是把別人喝咖啡的時間，都用在了學習和工作上。」珍惜時間、分秒必爭讓平凡變得偉大，相反即使你有再高的天分、再好的條件卻不珍視時間、虛度年華，也只會一事無成，甚至抱憾終生。

明朝的熹宗皇帝是一個有名的「木匠皇帝」。這位熹宗皇帝從小就不愛讀書，而是對手工藝很感興趣。其父親光宗在位的時候，大臣們勸諫讓太子讀書知事，光宗不以為然，說不著急，等等再說吧。

結果，熹宗整天悠悠蕩蕩荒廢了學業。待其繼位後，更是不理朝政，無所事事，整日擺弄他的那些手工藝，把時間都浪費在了木匠活上，對國家大事從不管理，把所有的事情都交給了「九千歲」魏忠賢，結果奸黨橫行、民不聊生，大明江山日漸衰落。

看了這個故事，相信很多人早在心中有了自己的判斷。遊戲人生、虛度年華也是一種活法，但這種活法即使你擁有天下又如何？最終還不是落得個一事無成，遺憾終生的下場。

在現代社會，生活節奏加快，競爭更加激烈。電子化、資訊化把很多浪費時間的人甩在了生活的後面。這些激烈的競爭歸根到柢就是在跟時間賽跑，跑在前面的就是勝利者，被甩在後面的終究是要被淘汰的。下面這個故事恰好說明了這個道理。

清晨，非洲草原上從睡夢中醒來的羚羊知道新的比賽又要開始，對手就是跑得最快的獅子，想要活命，就必須比跑得最快的獅子還要快。同樣，獅子也意識到，假如牠跑得比羚羊慢，等待牠的將是被餓死。所以，每當太陽升起，一場為了生存的奔跑就開始了。獅子之強大，羚羊之弱小，其差別不可謂之不大，然而在物競天擇的廣闊天地裏，兩者面臨的源自求生的壓力卻是相同的。

同樣，在現代的人類社會裏，為了生存的競爭角逐也是在這樣上演著。不管你是一家公司的總裁還是職員，當你稍有放鬆的時候，你的對手就可能已經趕在了你的前面。所以當別人休息的時候，也正是你超越他的最好時機。抓緊時間，分秒必爭，已經成為了現代社會的成功法則。

生活就是這樣，時間一點一滴走過，今天變成了昨天。生命是有限的，時間對於每個人都是平等的，要在有限的時間內做更多的事情，只有分秒必爭。

正如魯迅所說：「節約時間，也就是使一個人的有限的生命，更加有效，而也就等於延長了人的壽命。」

時間也是最公正的評判家，分秒必爭的人必然會得到時間的褒獎，虛度年華的人也必然會受到時間的懲罰。盛年不重來，一日難再晨；及時當勉勵，歲月不待人。時不我待，請抓住流逝的分分秒秒吧！

2・給要做的事貼上順序標籤

古語說：「物有本末，事有終始，知所先後，則近道矣。」這就是說，每個人的能力、精力都是有限的，誰也沒有三頭六臂，不可能在一夜之間解決所有難題，做完所有事情。當一大堆工作同時壓到你身上時，按「輕重緩急」的順序來完成，是最合理的解決辦法。做好一件事，遠比事事都嘗試、最終卻是一件事都做不好要強得多。

的確，在工作與生活中，時常會出現拿不定主意的情況，這時，陷於各種事務中的你就必須先對這些事情作出判斷——將複雜的事情分類，排列出各自緊急的程度，歸納出來之後再一一解決，日積月累，你就能學會輕鬆面對各種或急或緩的事情了。

在一次學習控制時間的課堂上，老師先在桌子上放了一個裝水的杯子，然後又從桌子下面拿出一些正好可以從杯口放進杯子裏的鵝卵石。老師把石塊放完後，問他的學生：「你們說這杯子是不是滿的？」

「是！」幾乎所有的學生都異口同聲地回答。

「真的嗎？」老師笑著問。然後他從桌底下拿出一袋碎石子，把碎石子從杯口倒下去，搖一搖，再加一些，再問學生：「你們說，這杯子現在是不是滿的？」

這回學生們不敢回答得太快，大家都遲疑著。最後班上有位學生怯生生地細聲回答：「也許沒滿。」

「很好！」老師說完後，又拿出一袋沙子，慢慢地倒進杯子裏。倒完後，再問班上的學生：「現在你們再告訴我，這個杯子是滿的呢，還是沒滿？」

「沒有滿。」全班學生這下學乖了，大家很有信心地回答。

「好極了！」老師再一次稱讚這些「孺子可教」的學生，接著從桌底拿出一大瓶水，把水倒進看起來已經被鵝卵石、小碎石、沙子填滿了的杯子裏。

當這些事都做完之後，老師問學生們：「我們從上面這個例子得到什麼重要的結論？」班上一陣沉默，然後一位學生回答道：「無論我們的工作多忙，行程排得多滿，如果要擠一下時間的話，還是可以多做些事的。」這位學生回答完後心中很得意地想：這堂課到底講的是學習控制時間啊！

老師聽到這樣的回答後，點了點頭，笑著說：「答得不錯，但這並不是我要告訴你們的重要知識。」說到這裏，這位老師故意頓住，用眼睛向全班學生掃了一遍後說：「我想告訴各位，最重要的知識是，如果你不先將大的鵝卵石放進杯子裏去，也許以後你永遠沒有機會把它們再放進去了。」

學生們恍然大悟，老師是在教他們做事情要分清「輕重緩急」，學會安排好做事的先後順序。

在生活中，當你總是手忙腳亂時，就要好好找一下原因了，通常都是由於你沒有把事情的順序安排好。因此，要抓住事物的主要矛盾，做事要分清主次、輕重，不能本末倒置；否則，只能自討苦吃，因小失大。

有一個「買櫝還珠」的成語故事：

楚國有一個向鄭國人賣珍珠的商人，用一種叫做木蘭的香木製作了一個匣子，用肉桂、花椒等香料薰染，用寶石來連接，用美玉來裝飾，用翠鳥的羽毛來連綴。鄭國的人買了他的匣子，卻歸還了他的珍珠。這可以說是善於賣匣子了，不能說善於賣珍珠！

故事中的鄭國人不識貨，買下了空有其表的木匣子，卻退還了比木匣珍貴得多的珍珠。這個故事就是要告訴你，別讓事物的表面所欺騙。

人們做什麼事情都要分清主次，否則就會像這位「買櫝還珠」的鄭人那樣作出捨本逐末、取捨不當的傻事來。這就是說，對於生活中林林總總的事情，你可以按重要性和緊急性的不同組合，來確定處理的先後順序，先集中時間做重要的事情，剩餘的時間再處理小事雜事。這樣按照輕重緩急的順序把事情安排好之後，再進行全面的時間控制，就不會出現手忙腳亂的狀況了。

那麼怎樣分清輕重緩急？經濟學家提出了一個著名的「80／20定律」，即在日常生活中，20％的事情就足以決定80％的成就，所以應該先辨別出什麼是最可能見效的那20％的事情。一旦分辨清楚了，用80％的時間做好這些最重要的事情，再用剩下的20％的時間做其他事情。

雖然每個人在人生的每個階段的情況不同，不必機械地套用這個百分比，但只要把這個定律的精神融會貫通，運用到學習和生活當中，就可以幫助你識別及做好對自己來說最重要的事情。

3．尋找工作的竅門

春秋時期大教育家孔子說：「學而不思則罔，思而不學則殆。」這句話是說在學習上要多思多想，總結其中的規律和奧妙，才會有所提高。學習是這樣，工作同樣如此，盲打蠻幹，只會費力不討好，只有尋找到工作的竅門才能省時省力地完成工作。

事物的發展都是有一定的規律可循的，工作和學習同樣如此，找到了其中的竅門，不但能提高工作效率，甚至可以推動整個社會的發展前進。下面的這個例子很好地說明了這一點。

十八世紀的英國正處於工業革命的前夕。在一個普通的英國小鎮，一個手工工廠的工人和其他普通人一樣辛勤地勞動著。這個手工工廠正在使用著一種叫做「飛梭」的工具，這在當時看來已經非常先進，讓工人們節省了很多的時間和力量。但是，這個工人並不滿足於這樣的工具，他總覺得還可以有更好的辦法來提高生產的效率。

一天，他正在工作的時候，在一旁跑跑跳跳的女兒不小心碰倒了他的機器，這一碰一下子提醒了他，解開了他多日的思索，原來把機器放倒（即平放）會有更好的效果。於是他在此基礎上，對「飛梭」進行了改進，研製出了新式的紡紗機，大大提高了效率。儘管這個紡紗機仍在使用人力，但它具備動力、傳動、工具三個部分的裝置，已經是一台機器了。

這個人就是哈格里夫斯，這機器被他以女兒的名字命名，就是大名鼎鼎的「珍妮紡紗機」。

「珍妮紡紗機」的出現揭開了工業革命的序幕，成為英國工業革命開始的標誌。正是這小小的發現改變了世界。工作的竅門不是多麼高深的學問，也不是藏在深處或者懸在高處，不可觸摸的。它只不過是需要你平時多留心，不斷地反思自己的學習、自己的工作，竅門自然會被發現。反之，盲打蠻幹，必然費力而不討好。看看下面的這個寓言故事，在莞爾一笑之餘，你是否會有所體悟呢？

在一個偏遠的小山村裏，有一個身強體壯的年輕人，每天都上山砍柴。在自己家的院子裏他把柴劈好堆在一起，用來冬日生火。年輕人每天都很勤快，可是每天劈的柴並不多。

一天，年輕人正在院子裏劈柴，從院門口走進一老者，老者看著年輕人劈柴便笑了起來。「老人家，你笑什麼？」年輕人不解地問。

老者說：「我要跟你打個賭。」

「賭什麼呢？」

「就跟你賭，在同樣時間內誰劈的柴多。」老者微笑著說。

年輕人看著瘦弱的老者很不服氣。於是兩個人的比賽開始了。

年輕人掄動著大斧子開始劈柴，大斧子被他舞得霍霍生風，可不一會兒他頭上就沁出了汗水。而老者則不慌不忙，把木頭擺放好後，用斧頭一個一個劈開，很快就劈了一堆。老者似乎不用多大的力氣木頭自然就被劈開了。年輕人看了很著急，可是越著急越覺得木頭異常結實，很是費力。

後來，年輕人認輸並向老者請教其中的奧秘。老者從劈好的柴中撿了一塊，指著斧頭劈過的印記給年輕人看。年輕人仔細地看著那一條一條的紋理，似乎明白了什麼。

老者拍拍年輕人的肩膀，哈哈大笑，出了院子離開了。

劈柴是要看紋理的，只有按著柴的紋理才能又快又省力，如果蠻幹只能像故事中的年輕人一樣。這只是一個簡單的寓言故事，但是，其中的道理卻告訴人們在工作中要遵循工作的規律，尋找工作的竅門，才會事半功倍。

大科學家愛因斯坦曾經說過：「成功＝艱苦勞動＋正確的方法＋少說空話」——可見努力離不開方法。

尋找工作的竅門，不是為了投機取巧，更不是為了不勞而獲。恰恰是因為人生是有限的，人們的工作時間是有限的，只有找到了竅門，找到了正確的方法，才能更快更好地完成工作任務，才能提高工作效率。

4．在心中印刻「危機」兩字

在非洲的大草原上，時刻上演著弱肉強食的爭鬥。在狼生活的領地裏，到處暗藏著殺機，據說只有1%～1.5%的狼能壽終正寢，可見其生存環境的險惡。在狼的眼睛裏，處處充滿著危機，任何疏忽都可能葬送了自己。能存活八、九年的老狼，都是經歷了無數生死戰鬥的。牠們身上太多的傷痕見證了牠們頑強的生命力。或許也正是因為狼有這種超乎尋常的危機意識，牠們才成為了草原上永遠不會絕跡的動物。

與狼相比，不少人的危機意識就差多了，他們安於現狀，不思新變，日復一日地重複單調的生活，在疲倦的精神裏消耗生命。而有強烈危機感的人大多成了精英一族。著名的微軟總裁比爾・蓋茨有一句名言：「微軟離破產只有一百八十天。」危機感會讓人警醒，讓人未雨綢繆，讓人求變求新，讓人謀而後動，讓人永遠有準備，讓人知己知彼，百戰不殆。

中國有句古語說：「生於憂患，死於安樂。」說的正是這個道理，小到個人，大到國家，只有時刻存有危機意識才能不斷地前行。而安於現狀是走向死亡的開始。人們的生活和工作都遵循著「逆水行舟，不進則退」的規律。

挪威人喜歡吃沙丁魚，尤其是活的。因此漁民總是千方百計地想讓沙丁魚活著回到漁港。可是人們想了很多的辦法，絕大部分的魚還是在途中因窒息而死。不過人們發現有一條船總能讓大部分沙丁魚活著回到漁港。後來人們得知，原來船長在裝滿沙丁魚的魚槽裏放入了一條鯰魚。鯰魚進入魚槽後便四處游動欲吃沙丁魚，而沙丁魚見了鯰魚十分緊張，四處躲避加速游動，這樣沙丁魚便活蹦亂跳地回到了漁港。可見，正是外界的這種危險刺機，才保持了沙丁魚的生機和活力。

企業的管理同樣如此。任何一個人都可能因失誤或失職而將整個公司陷入危機之中。企業的全體員工，上到高層管理者，下到一般的員工，都應「居安思危」，將危機的預防作為日常工作的組成部分。

日本是個地震、颱風等自然災害頻發的國度，儘管如此，日本在戰後的一片廢墟上，四十年之後已發展成世界矚目的經濟大國。日本人靠什麼創造奇蹟？靠的是不知疲倦的進取精神和舉國上下的危機意識。

危機意識是一種對環境時刻保持警覺，並隨時作出反應的意識。

有個著名的實驗，如果把一隻青蛙扔進沸水中，青蛙會馬上跳出來。但是如果把一隻青蛙放入涼水中逐漸加熱，青蛙會在不知不覺中失去跳出的能力，直至被熱水燙死。這就是危機意識的最好詮釋。當你被鮮花和掌聲所包圍，當你正為無往而不勝的紀錄而驕傲時，你應該常常自問，自己是那隻溫水中的青蛙嗎？

沒有人不渴望成功，但並不是所有人都能夠成功。那麼，我們不禁要問，到底成功的祕訣是什麼呢？答案很簡單，就是心中時刻保持一種「危機」意識，每天不停地進步一點點。

每天進步一點點，會讓我們每天都充滿信心。滴水穿石、聚沙成塔、集腋成裘，每一個成功都是這樣積累出來的。《易經》上說「日新之謂盛德」，《尚書》上說「苟日新，日日新，又日新」，這些名言要告訴我們的就是這個道理。成功者之所以成功，不是由於比別人聰明多少，而只是因為他們每天都在堅持不懈地改進自己。

人生如戰場，只有平時多流汗，戰時才能少流血。只要你每天進步一點點，你就向勝利邁進了一點點。那一點點的進步，也許意味著你又掌握了一些新的知識和技術，也許意味著你在自己喜愛的事情上又有所提高，也許意味著你深沉的思索和沉澱後的一種人生感悟。

其實，人生是一個不斷自我完善的過程，我們不可能做到事事完美，時時完美，但是我們必須每天都堅持向前行進。因為只有進步的才是真正美麗的。成功的人總會把每一次困難或挫折當做是一次挑戰自己的機會，然後去不斷地學習進步。正是他們時刻保持危機意識，居安思危，把每一次的壓力當做自己前進的動力，才獲得了成功。每天進步一點點，這就是大智者的生存態度。

5．盤點你的零散時間

現代生活中的人們忙忙碌碌，每個人似乎都在不停地工作，沒有空閒的時間。其實不然，只是我們每天的時間被條條塊塊地分割成了幾個部分。而在每個部分之間總有一些銜接的時間被我們忽略掉了，這就是我們所說的零散時間。很多人對此很不以為然，以為這些短暫的時間沒有什麼用途。其實，這些零散時間正是我們可以利用來超越對手的時間，能擠出來多少就能賺多少。

數學家華羅庚說：「時間是由分秒積成的，善於利用零星時間的人，才會作出更大的成績來。」達爾文也說：「我從來不認為半小時是微不足道的一段時間。」

一個人如果認識到學習或工作的重要，通常就會自覺地去利用零散時間。利用零散時間，一時得利或許真的不大，但如果長期積累，愚公可移山。譬如，對於學習而言，利用零碎時間去識記單詞或背誦古詩詞，遠比用整塊時間要好得多。

我們來看一看，著名數學家蘇步青教授是如何利用零散時間的。

蘇步青在古稀之年身兼數職，但是他卻仍連續發表了很有影響力的新作品。當人們問起他哪裏來的那麼多時間的時候，他笑著說：「我用的是零頭布，做衣服有整料固然好，但是零料拼接得好，照樣能做出漂亮的衣服。時間也一樣，把零星時間用起來，一天只要二、三十分鐘，加起來也很可觀。」

蘇步青教授就是利用了這些零零散散的時間，把它們積累起來就成了一筆不小的財富。

在人生的路上，有許多人都是在零散時間中度過的，如果我們能夠充分利用這些零散時間，那麼積累下來的成就會超出我們的想像。

如果一個人一天讀10頁書，從16歲到70歲，就可以讀20萬頁，堆起來，有2層樓那麼高；如果我們每天記10個單詞，一年下來就是三千多個；每天背誦一首古詩，日積月累下來，唐詩三百首就不在話下了。

要想抓住零散的時間，就必須首先能夠找到零散的時間。很多人都在抱怨，自己每天很忙，沒有空閒的時間。那麼，什麼樣的時間才是零散時間呢？這些零散的時間又是怎樣被利用起來的呢？也許從美國詩人愛爾斯金這裏你能夠找到答案。

愛爾斯金是美國近代詩人、小說家，又是出色的鋼琴家。他在談到如何利用零散時間這個話題時，曾深有體會地說：「當我在哥倫比亞大學教書的時候，我想兼職從事創作。可是每天上課、看學生的試卷、開會等事情把我白天、晚上的時間全占滿了。在哥倫比亞大學的時候，我差不多有兩個年頭一個字都不曾動過，我的藉口是沒有時間……後來，我發現有些時間在不知不覺中就溜走了，比如開會的間歇，等公車的時間等，這些時間對於我來講是多麼的寶貴啊！就這樣，只要有5分鐘左右的空閒時間，我就坐下來寫作100字或短短的幾行。出乎我意料的是，在那個星期的終了，我竟積有了相當的稿子以備我修改。」

「後來我用同樣的積少成多的方法，創作長篇小說。我的教授工作是一天繁重一天，但是每天仍有許多可資利用的短短空閒。我同時還練習鋼琴，發現每天小小的間歇時間，足夠我從事創作與彈琴兩項工作。」

想一想，每天我們在等公車或搭火車、地鐵時都在幹些什麼，滑手機或是無聊的發呆，還是利用這些許時間來記一點東西抑或是梳理一下一天的工作呢。

只要你真心努力要把一件事情做好，就會發現更多你可以利用的時間。

利用閒散的時間也是要講究方法的。人們常說：「一心不可二用」，其實，當你找到了合適方法，你會發現同時做幾件事情並不是不可能的。這樣的「一心二用」會為你創造出更多的可利用時間。

無論是在生活還是在工作中，對於時間的安排都需要你自己去把握，抓住零散時間，你一定會從中獲益。人的心理有時很微妙，一旦知道時間很充足，注意力反而會下降，效率也隨之降低；一旦知道必須在單位時間內完成某事，就會自覺努力，從而效率大大提高。利用好零碎時間，可以非常有效地提高工作和學習的效率。

古人云：「不積跬步，無以至千里；不積小流，無以成江海。」對於零散時間的把握正是這樣一個日積月累的過程。它可以讓你在無形中超越對手，愛因斯坦所謂「人的差異就在業餘時間」說的正是這個道理。

時間是人生的全部財富。我輩自當惜時如金，過去的就讓它過去，未來應該追求，但最為重要的則是緊緊抓住今天！

6．給透支的身體放個假

上班以後，我就不知道什麼叫不忙。每天，接電話要二、三十個。然後是一個接一個的事情，已經到了必須拿本子一條一條記錄的狀態，一寫就是一整頁，否則根本記不住。

事情太雜、太碎，提不起來，捏不成塊，要讓我對這一天的工作進行大體總結，就是繁瑣、麻煩，因為幾乎沒有哪幾個事情是一組，甚至都毫不關聯，事情也不是特別大，就是一件接著一件的向你湧來。

傍晚，拖著疲憊的身軀回到家裏，剛剛吃過晚飯，手機鈴聲響起，又有了新的任務。這樣的生活什麼時候能是個頭啊！

這是一個年輕都市白領的一篇部落格文章，字裏行間中可以看出作者對生活的些許無奈，心情的煩躁，對工作的厭惡，以及每天忙碌無比的狀態都溢於言表。這種狀況似乎也是現在很多都市白領工作狀態的寫照。不知什麼時候一個叫「亞健康」的現象，悄悄地走入了人們的生活。

現在，都市生活節奏加快，工作任務量繁重，生活壓力大，甚至產生了一種比「亞健康」更可怕的現象，那就是「過勞死」。

近幾年，「過勞死」的現象頻頻出現在媒體上，引起人們的關注。知名企業的員工累死在工作崗位上；警察執勤因過度勞累而永遠倒下了。這些鮮活的例子，一次次向人們昭示健康的重要，沒有一個好的身體一切都是虛無縹緲的。

人的身體都是按照生物規律在運行的，就像是一架機器，過度的損耗必然減少其使用壽命。沒有人能逃脫這樣的自然規律。「身體是革命的本錢」，身體是我們做好一切事情的前提條件。懂得工作，更要學會休息，生命是一個循序漸進的過程，不會休息自然也就不能做好工作。

我們經常可以看到一些人，他們年齡還不到40歲，但看起來卻顯得老態龍鍾、精神憔悴。他們剛開始工作、創立事業時也有著巨大的資本，像是強健的體魄和智慧的頭腦。但是，他們在功成名就、有一定的經濟實力後就不再去追求成功，過起了花天酒地的生活，久而久之，引發了許許多多的病症，將原有的資本揮霍得一乾二淨，最後成為一個失敗者，再也無法顯示偉大的力量。

還有不少人，由於日趨緊張的生存環境和競爭意識，迫使他們付出高額的健康成本來適應生存的需要。他們終日東奔西走，忙忙碌碌，日夜工作，不注意積蓄自己的體力和腦力資本，不注意保持自己強健的身體，操勞過度，以致大病纏身，臥床不起。那種

「鞠躬盡瘁，死而後已」的敬業精神，固然值得我們敬仰，如果只顧拼命工作而賠上了自己的健康，生命中的光和熱還沒有全部發揮出來就過早地離開人世，這就有點得不償失了。

在沙漠上有一支古老的遊牧部落，長期遷徙，居無定所。但無論去什麼地方，他們都有一個習慣從不改變，那就是每次行走了二天，就必須停下來休息一天。有些部落以外的人很疑惑地向部落首領問道：「為什麼你們要堅持走二天歇一天呢？」年邁的部落首領笑著慢慢說道：「我們的腳步走得太快，而我們的靈魂走得太慢，走二天歇一天，就是為了等我們的靈魂趕上來！」

在現在的社會，每個人每天都在不停地趕路、奔波。我們想要的東西太多了，而上帝給我們的時間又太少了。很多時候，我們都只看到心目中的峰頂，走得太過匆忙和焦急，顧不上欣賞沿途的風景，忽視了給自己的身心一個緩衝和恢復能量的機會。生命只有一次，無論多少金錢都買不到，所以我們每個人都應該倍加珍惜。

7．今日事，今日畢

「今日事，今日畢。」這句話，也成了無數人在人生道路上的座右銘，激勵著人們不斷前行。

如今，在市場經濟條件下，這句話已經成為了應對「企業如何向管理要效益，如何通過有效管理提升企業綜合競爭力」的管理理念。

現代企業的管理其實就是全方位地對每名員工、每天所做的每一件事進行控制和清理，做到「日清日畢、日清日高」，即當天的事情必須當天完成，今天的業績應該比昨天有所提高，明天的目標要比今天有所提升。

大陸著名的海爾公司可以說是執行這種理念的典範。上到管理層，下到普通員工，都形成了這樣一種理念，做事不拖拉，講求效率，雷厲風行。在海爾廣為流傳著一個崔淑立「夜半日清」的故事。

崔淑立接任洗衣機海外產品經理的時候，大家告訴她說：「美國客戶是非常難拿下的！」因為前幾任經理都對這個客戶束手無策，幾次嘗試都無功而返。

真這麼難嗎？崔淑立心裏暗暗地較著勁。有一天，崔淑立一上班就看到了美國客戶發來的要求設計洗衣機新外觀的郵件。因時差的原因，此時正是美國的晚上，崔淑立很後悔，如果能即時回覆，客戶就不用再等到第二天了！

從這天起，崔淑立決定以後晚上過了11點再下班，這樣就可以在美國上午的時間裏處理完客戶的所有資訊。

就這樣連續三天過去了，「夜半日清」讓崔淑立與客戶能及時溝通，產品開發部很快完成了新外觀洗衣機的設計圖。就在決定把圖樣發給客戶時，崔淑立認為還必須配上整機圖型，以免影響確認。當她「逼著」自己和同事們完成「日清」，把整機外觀圖型一併發給客戶時，已經是夜裏12點了。

大約凌晨1點，崔淑立回到家中立刻打開電腦，看到客戶的回覆：「產品非常有吸引力，這就是美國人喜歡的。」這一刻，她滿是欣慰，高興得睡意全無，這麼多天的「夜半日清」產生了效果。客戶完全被崔淑立的敬業精神和負責態度打動了，推進速度非常快，美國客戶的第一批訂單就這樣搞定了！

其實，市場沒有變，客戶沒有變，拿大訂單的難度也沒有變，變的只是一個有競爭力的態度。崔淑立完全有理由說：「有時差，我沒法當天處理客戶的郵件。」然而態度決定了她的成敗。崔淑立說：「因為，我從中感受到的是自我經營的快樂！有時差，也要日清！」

多好的計畫，都不如一次真正的實施；多美妙的空想，都不如一次實際的行動。下決心不困難，難的是付諸行動。不要把事情都推到明日，今日事，今日畢。

有許多應該做的事，不是我們沒有想到，而是我們沒有立刻去做，時間一過，就把它忘了。有時是因為忙，有時是因為懶。一個事務繁忙的人，想到某一件事該做，但他當時沒有時間，於是想「等一下再說吧」，但等一下後，又為其他事務分了神，就把這件事忘了。有些人雖然不忙，可是他喜歡拖延。該做的事雖然想到了，卻懶得立刻著手去做，心想「等一下再做吧」，可等一下之後，他就忘了，或者已是時過境遷，失去適當的時機了。如果想做事有效率，最好是「想到就做」。

不管你多不情願去做那件事，最好的方式就是立即採取行動，雷厲風行地去做，不要去想那些事會怎麼讓人頭疼。因為這樣你就沒有時間為自己找到更多藉口去推託，因為你早晚都要去面對這件事，與其長痛不如短痛，不要等情緒好時才做。立即對自己說：「一切已經就緒了，可以開始工作了。」

富蘭克林曾經說過一句名言：「你熱愛生命嗎？那麼，別浪費時間，因為時間是組成生命的材料。」

「明日復明日，明日何其多，我生待明日，萬事成蹉跎。世人若被明日累，春去秋來老將至。朝看水東流，暮看日西墜。百年明日能幾何，請君聽我明日歌。」

這首詩大概是婦孺皆知了。如果要今天的事情等明日來做，你總會找到理由和藉口的，時間就這樣在不知不覺中流走了，與其從明天開始，不如從當下開始！

8．找準前進的方向

在廣袤的草原上，兇猛的獅子在追趕一群羚羊，這是一場殘酷的生命角逐。獅子每次捕食羚羊的時候，總是看準一隻羚羊不停地追下去，正是這樣才使得牠無往而不勝。要想讓自己成為強者，必須培養起專注做事的習慣，專心地把時間運用於一個方向，這樣，你才不會因為漫無目的而分散精力、浪費時間。

在工作中，為什麼有的人具有很高的效率，而有的人忙忙碌碌卻最終一事無成呢？關鍵在於他沒有注意到重要事情的方向性，而把精力消耗在偏離方向的不重要的事情上了，做了無用功，從而浪費了寶貴的時間。一個最重要的獲得成功的原則就是要時刻清醒地認識到自己是什麼樣的人和要做什麼樣的事。

一頭饑餓的驢子外出覓食，找到了兩堆距離差不多的草料。左邊是一大堆乾草料，右邊是一小堆新鮮的嫩草。驢子很高興，跑到大堆的乾草料處剛要吃，突然想到，右邊的那堆乾草料那麼新鮮，肯定好吃，現在要是不去吃可能會被其他的驢子吃掉，於是它就跑到嫩草堆前。在它剛要吃的時候，它又想，這堆草雖然很嫩，可是其他的驢子要是把那一大堆乾草料吃光的話，自己就要餓肚子了，還是回去吃乾草吧！

就這樣，牠一會兒考慮數量，一會兒考慮品質，一會兒分析顏色，一會兒分析新鮮程度，猶猶豫豫，來來回回。這隻可憐的驢子，最後餓死在草堆旁。

這個寓言故事講的就是著名的「布里丹效應」。

在每個人的心裏何嘗不存在著那隻小驢的影子呢。當我們面臨著更多的機會時，經常會陷入兩難的選擇，比較來，比較去，猶豫不決，優柔寡斷，一直拖延到最後或是被迫接受他人的意志，或是徹底浪費了時間，失去了機會。由此可見，無論幹什麼事都要掌握好方向性，即目標性。

心理學家威廉．詹姆斯早在一個世紀前就發現，人類在處理事務上，只發揮了自己極小部分的潛力。我們在做一件事情時，甚至在做每一個步驟時，都要精力集中、全神貫注。人生也是如此。我們要選擇合適自己的方向，找準前進的方向，並不斷地為之努力。但是，在現實生活中，人們往往會在確定自己方向的時候，左右搖擺，從而浪費掉了大部分的時間。

做大事者都有一個共性，就是善於把握方向。他們不論做什麼事情，都會把目標看清楚後才開始行動。一旦找準了方向就要沿著這個方向努力下去，不輕易放棄，這樣才會獲得成功並達到理想的彼岸。正像汪國真在詩中寫道：「我不去想是否能夠成功，既然選擇了遠方，便只顧風雨兼程。」

有這樣一幅漫畫，一位口渴的人扛著鐵鍬到處挖井找水喝，可他挖著挖著沒看到水就放棄了，其實，水就在他挖的井下不遠的地方了。這個人又重新找個地方接著再挖，仍然是在還沒有挖到水的地方就停下了。再挖，仍然是一樣的結果，於是他徹底放棄了，很沮喪地得出結論：「這些地方都沒水。」

對於人生中的選擇與放棄，我們首先要知道自己想要的是什麼，其次要明瞭自己能做的又是什麼，兩者結合確定自己的發展方向。然後就要不斷地努力堅持，沒有什麼事情是一帆風順的，其中肯定會遇到這樣那樣的困難。不能一遇到困難就搖擺不定，如果捨棄你曾經為之付出的時間和心血，重新再來，會浪費很多的時間和精力，在我們的人生中，大部分人是經不起這樣的從頭再來的，我們的時間和生命也不允許我們這樣從頭再來。所以，挖井前我們要進行必要的可行性判斷，確定自己的方向，如果方向確定了就要堅持一直挖一口井的精神，直至成功。

當人們懂得了要確定自己的方向並一直努力地堅持下去，擺在面前的更重要的問題就是到底如何確定我們的方向呢？這個選擇是一門人生哲學，是一門有捨有得的藝術。

你只有放下了手中的小貝殼，才可能撿到更漂亮的貝殼；也有可能，你為了追逐更大的麥穗而喪失掉了原有的麥穗而最終一無所獲。

在印度洋的大海嘯中發生了這樣一個感人的故事。一位年輕的媽媽在萬分緊急的情況下為了救3歲的小兒子，忍痛放棄了5歲的大兒子。如果不是這樣，母子三人可能就共同葬身海底了。在救了小兒子之後，意想不到的奇蹟發生了，大兒子竟然被大浪沖回岸上，也得以生還。

人的生命的確是薄如蟬翼的，要把握時機，保持清醒的頭腦，學會放棄，當機立斷。古人云：「塞翁失馬，焉知非福」，顧全大局，果敢且有膽識，睿智而有遠見，是為人生難得之境界。

如張愛玲所說「成名要趁早」，要及早地為我們的人生道路確立正確的發展方向，不要在左右徘徊中虛度年華，耗費生命。

第三章

天天動動腦，思維不僵化

20多歲的時候是一個人的頭腦最活躍的時期，把頭腦中聰明的想法都發揮好，將會取得不可限量的成就。所以，千萬不能讓你的思維僵化，而要讓你的大腦充分發揮它的作用，讓願望都變成現實。

1．落後的是我們的想法和能力

老鷹是世界上壽命最長的鳥類，牠一生的年齡可達70歲。

要活那麼長的壽命，牠在40歲時必須作出一個困難卻重要的決定。當老鷹活到40歲時，牠的爪子開始老化，無法有效地抓住獵物。牠的喙變得又長又彎，幾乎碰到胸膛。牠的翅膀變得十分沉重，因為牠的羽毛長得又濃又厚，使得飛翔十分吃力。牠只有兩種選擇：等死或經過一個十分痛苦的更新過程。

150天漫長的操練。牠必須很努力地飛到山頂，在懸崖上築巢。停留在那裏，不得飛翔。老鷹首先用牠的喙擊打岩石，直到完全脫落。然後靜靜地等候新的喙長出來，牠會用新長出的喙，把指甲一根一根地拔出來。當新的指甲長出來後，牠們便把羽毛一根一根地拔掉。

五個月以後，新的羽毛長出來了。老鷹開始飛翔，重新得以再過30年的歲月！

在我們的生命中，有時候我們必須作出困難的決定，開始一個更新的過程。我們必須把舊的習慣、舊的觀念擯棄，使我們可以重新飛翔。只要我們願意放下舊的包袱，願意學習新的技能，我們就能發揮我們的潛能，創造新的未來！我們需要的是改革的勇氣與重新出發的決心……

一個國家，一個社會，一個團體，一個人的生死存亡也不是完全由技術上的東西來決定的，而是由心態決定的。美國具有如此發達的技術，就是緣於美國人那種崇尚挑戰、崇尚創造力的心態。

在現實生活中，像時尚一樣，容易落後的不是你的衣服，而是你的推陳出新的想法和能力——對待工作的態度。為什麼人能夠取得這麼大的進步？因為人有創新能力。有創新能力，這就是人區別於其他動物的地方。創新能力是從哪裏來的呢？不是從天上掉下來的，也不是生來就有的。創新能力的基礎是學習能力，創新能力是在學習過程當中形成的觀察、比較、思考、推理、篩選、傳承、改造、發展等能力的基礎上形成的，創新能力實際上是一種推陳出新的能力。

無論如何，打開創造之門是內因和外因的結合，而且最重要的是要突破你自己；

一、是要有良好的心態。任何人都要經過成功與失敗的反覆交替，在這種變化中，你要學會生活的方法，提高自己的心理承受力。

二、是要腳踏實地一步一步地去做，僅有理想、目標是不夠的，不知道怎樣一步步去做是不行的。關鍵是一定要符合自己的切身實際，只有這樣才能不斷地取得成功，才能不斷地激發創造力，培養起創新精神。

2．選擇勤於動腦的活法

從生理學的角度講：一個人的腦子包括大腦、中腦、小腦、腦橋、延腦五部分，具有思考、理解、記憶等特殊能力。它雖然只有1.3～2公斤重，卻擁有165億個神經細胞，可以容納的信息量，大約相當5億～7.5億冊書籍的容量。如果一個人孜孜不倦，每天24小時吸收知識和資訊，他的大腦所貯藏的知識資訊將是北京圖書館館藏圖書的25倍。一個經常動腦、勤於思考的人，其使用的腦細胞也僅為大腦細胞的1.2％，可見大腦的容量堪稱一個「小宇宙」。

從這個角度講，對於相對短暫的人生來說，我們的腦力資源幾乎是無限的，所以大腦越開發會越強大，而不用擔心所謂的「用腦過度」。

人生是一次漫漫旅程，也是短短的一瞬。勤於動腦，會讓我們的人生豐富多彩，而懶於動腦則讓我們庸庸碌碌、一事無成。小到生活中的竅門，工作中的技巧，大到科學的革命與創新，都離不開勤於思考。

古代在一個遠方的國家，有兩個非常傑出的木匠，他們的手藝都很好，難以分出高下。

有一天，國王突發奇想：「到底哪一個才是最好的木匠呢？不如我來辦一次比賽，然後封勝者為『全國第一的木匠』。」

於是，國王把兩位木匠找來，為他們舉辦了一次比賽，限時三天，看誰刻的小老鼠最逼真，不但可以得到許多獎賞，還可以得到冊封為全國第一的木匠。

在那三天裏，兩個木匠都不眠不休地工作。到了第三天，他們把已雕好的老鼠獻給國王，國王把大臣全部找來，一起做本次比賽的評審。

第一位木匠刻的老鼠栩栩如生、纖毫畢現，甚至連鼠鬚也會抽動。

第二位木匠的老鼠則只有老鼠的神態，卻沒有老鼠的形貌，遠看勉強是一隻老鼠，近看則只有三分像。

勝負即分，國王和大臣一致認為，第一個木匠獲勝。

但第二個木匠當庭抗議，他說：「大王的評審不公平。」

工匠說：「要決定一隻老鼠是不是像老鼠，應該由貓來決定，貓看老鼠的眼光比人還銳利呀！」

國王想想也有道理，就叫人到後宮帶幾隻貓來，讓貓來決定哪一隻老鼠比較逼真。沒有想到，貓一放下來，都不約而同地撲向那隻看起來並不十分像老鼠的「老鼠」，啃咬、搶奪；而那隻栩栩如生的老鼠卻完全被冷落了。

事實擺在面前，國王只好把「全國第一」的稱號給了第二個木匠。事後，國王把第二個木匠找來，問他：「你是用什麼方法讓貓也以為你刻的是老鼠呢？」

木匠說：「大王，其實很簡單，我只不過是用魚骨刻了那隻老鼠的尾巴罷了。貓在乎的根本不是像與不像，而是腥味呀！」

人生的真諦往往是這樣，獲勝者往往不是技巧最好的，而是那些最肯動腦筋、想人之所不想的人。而懶於動腦的人，哪怕技術再精湛，也是沒有生命力的。世界上到處都是有才華的失敗者，在很多情況下，他們之所以一事無成、碌碌無為，在失意的煎熬中痛苦地生活，並不是因為他們知道的東西不夠多，而是因為他們沒有勤於思考，探索未知的東西，創新思維。

美國著名的高露潔牙膏公司曾經公開徵求點子：「無論什麼人，只要想出使牙膏銷路大增的點子，將獲得一萬美元獎金。」

無數的應徵者中最終得獎者的意見只有短短兩行字：「只要把牙膏的管口放大50％，這麼一來，消費者每天早晚就會多擠出一倍的牙膏了。」

人的大腦是一個非常奇特的機器，會越用越靈。人生在於不斷地思索，才能不斷地進步。懶於思考的話，只能讓人原地不前，甚至退步。勤於思考，才是人生走向成功的祕訣。

而在現實生活中，很多人卻懶於思考，形成了定性思維後，便墨守成規，不願意去打破固有的習慣。在這樣的氛圍下，人的惰性就變得更加強烈，安於現狀，懶於思考。其實，動腦並不困難，只要堅持動腦，我們就會變得越來越聰明。勤於動腦，在上班的公車上，在散步時，在洗澡時，在入睡前，勤於動腦不是某一時刻的靈光一現，而是任何時候都會多思多想的好習慣。

另外，美國專家對數千名長壽者做的調查表明，勤於動腦可延緩衰老，而懶惰可使人加快衰老。勤於動腦的老人，腦血管經常處於舒展狀態，腦神經從而得到良好的保養，大腦不會加速老化。所以，不管從健康方面、還是智商的角度來考慮，我們都要勤於動動腦（附帶一提，大腦工作不會使人疲憊）。

3．想別人不敢想的，做別人做不到的

成功者的思想永遠處於一種不安分的狀態，他們不像有些人那樣對什麼都沒有太大的願望，對什麼都是抱一種被動接受的心態，他們總是在想怎樣才會做得出類拔萃又不同凡響，他們這種不安分的思想也即我們常說的創新思維。

成功絕非得自偶然，而是經過縝密的思考後實施行動的結果，思考會帶來巨大的能量，打開不可思議的機會之門。想別人所不敢想，把別人認為不可能的事情變成現實，做別人做不到的，加倍努力，挖掘出自己的潛能，實現成功。著名財富專家拿破崙・希爾總結了一個簡單公式：「創富成功＝正確的思考方法＋信念行動。」

想別人所不敢想的，做別人所不能做的。如果總是跟自己說「這個我做不到，這個我可能做不到」，那麼你永遠就真的只能做不到。人的成功開始於你的想法。

彭洪根繼承了父親做豆腐的生意，當初只為了養家糊口。他用家鄉的傳統方法做豆腐，在附近小有名氣。來店的人大多是「回頭客」，生意也漸漸火了起來。

但是，彭洪根的想法遠不止這些，他要把豆腐作為自己的事業，要把豆腐做出名堂。無意中，彭洪根得到了一條消息：10月20日，市政府要在東箭道農貿市場舉辦一個豆腐節。彭洪根到豆腐節上考察了幾天，他突然冒出了個大膽的想法，為啥不給豆腐穿上漂亮的「衣服」呢！

彭洪根決定在豆腐市場裏標新立異。說做就做，他開始蒐集資料，研究方案。妻子得知這一消息後卻向他大潑冷水：「你如果用染料把豆腐染成某一種顏色倒還不難，但要做出彩色豆腐簡直是癡人說夢！」但彭洪根偏不信這個邪，他堅定地說：「用染料有損『放心豆腐』的口碑，我要把它做成天然的彩色豆腐！」從此，彭洪根便全身心地投入研製他的「彩色豆腐工程」。

首先彭洪根想到把芹菜、辣椒、胡蘿蔔和枸杞等色彩各異的食品切細，撒在豆腐上面。這樣雖然看上去美觀了，但是只要吃掉上面這些「顏色」，豆腐就又「原形畢露」了。想來想去，最後彭洪根終於想到把那些有色食品榨出汁水注入凝固前的豆漿當中。經過無數次的試驗，彭洪根終於大功告成。二〇〇二年大年初三早晨，豆腐果真綻放出了他期待已久的彩色之花！

接下來彭洪根如法炮製，加入芝麻、紅棗等營養食物，又做出全營養豆漿、豆腐花、絹包豆腐、彩色豆腐以及幾十種豆製品。終於彭家豆腐成了老幼皆宜、雅俗共品的大眾化食品。彭洪根的事業也越做越大。

中國人吃了幾千年的豆腐，沒有人想到豆腐還可以做成彩色的。正是彭洪根把這個別人想都想不到的事情，變成了現實。「想別人不敢想的，做別人做不到的」，其中的真諦可能就在這裏吧。

世界在不斷地創新，也在不斷地前進，人生也需如此。當別人都想到的時候，機會早已經不在，當別人都在做的時候，你也就只是滾滾洪流中的一滴水，被淹沒掉了。只有想別人所不敢想，做別人所不敢做，才能領先於他人，走在時代的前列。

4．積累與移植是強化頭腦的兩劑良藥

無論什麼事情，當你積累到一定程度，都會收到意想不到的效果。在成功的道路上需要解決大量的問題，一個具有豐富知識的頭腦，才能順應變化，得心應手地處理問題。而積累和移植無疑是強化頭腦的兩劑良藥。

許多天賦很高的人，卻終生平庸，導致這一現象的原因是不思進取。而不思進取的突出表現是不讀書、不學習。事實證明，沒有足夠的知識儲備，一個人難以在工作和事業中取得突破性進展，難以向更高處發展。

在某名校的課堂上，一位同學向著名的法學教授提出了一個很普通的問題：怎樣才能成為一個優秀的律師？

教授回答道：「咱們先別著急討論這個問題，讓我先給你講一個故事。我上大學的時候有兩個很好的朋友，一個畢業以後就去了律師事務所工作，而另一個則選擇了繼續學習深造。他們畢業的時候，才23歲。轉眼10年過去了，那個參加工作的同學已經成了鼎鼎有名的大律師，而繼續深造的另一個同學也結束了學習生涯，跨入了律師的行業。到他們都是35歲的時候，這位33歲才成為律師的同學已經和做了

12年律師的另一位同學做得一樣好，一樣有名。可是到了43歲，也就是他們畢業20年以後，後者由於10年深造積累的知識不斷地派上用場，生意越做越大；而前者卻受自己的知識所限，跟不上時代的潮流而日漸沉寂。現在不用我說，你們大家都知道如何才能成為一個優秀的律師了吧？」

聰明的人懂得厚積而薄發。人生的成功之路更像一場馬拉松賽跑而不是百米衝刺，前100米領先者不一定就能成為全程的優秀者，甚至都不可能跑完全程。在這遙遠的征途上，知識的積累將會起到決定性的作用。如果你自覺先天不足而又已然踏上征程，那就更要格外注意隨時給自己補充營養。

一個人在成功之前，需要不斷積蓄力量。在這方面，湯瑪斯·金曾受到加利福尼亞的一棵參天大樹的啟發，他說：「在它的身體裏蘊藏著積蓄力量的精神，這使我久久不能平靜。崇山峻嶺賜予它豐富的養料，山丘為它提供了肥沃的土壤，雲朵給它帶來充足的雨水，而無數次的四季輪迴在它巨大的根系周圍積累了豐富的養分，所有這些都為它的成長提供了能量。」這就是參天大樹，彙聚了這麼多的能量。

在工作中積累的知識和經驗是你將來成功的基礎，也將是你一生中最有價值的財富。積累是一項長時期不間斷的艱苦勞動，今天積累一點，明天積累一點，久而久之，小溪就會匯成海洋，知識的臺階就會鋪向智慧之巔。所有的成功都是心血和智慧的結晶。積累知識，必須細心、耐心，堅持不懈。要做到腦勤、手勤，處處做有心人，無論在讀書、看報、工作、生活中，只要看到有價值的素材、知識，就要隨時記下來；對已經蒐集到的材料，也要經常翻檢、熟悉，做到心中有數，以便用起來得心應手，發揮它應有的作用。

在豐富頭腦的方法中，除了對知識的積累外，還有一種更加快捷的方法就是知識的移植。人類浩瀚的歷史所蘊藏的知識是無限豐富的，對於個人來說不是所有的知識都要我們親自去實踐然後再得出結論的，更多的時候我們可以直接把他人積累的知識移植過來，這樣就加速豐富了我們的大腦。

有一位地理老師在給學生介紹有關海魚的知識時，有位同學站起來問：「老師，大黃魚和小黃魚有什麼區別？」這位老師想了想，毅然地說：「不知道。」下課後，這位地理老師對這個問題怎麼也丟不下，他請教了別的老師，仍然沒有結果。於是，他跑到農貿市場去向賣魚的人請教，終於找到了答案。

這雖然是生活中極其平常的一件小事，這位老師懂得移植別人的知識，輕鬆解決了問題！所以說，在我們進入某個領域的時候，不是所有的工作經驗都要我們親歷，再一點點總結來實現的。很多前人已經總結出來的東西，我們只要把它移植過來，就會省去我們很多的時間，讓我們的工作少走很多的彎路。

當今時代是知識經濟的時代，文化的繁榮，社會的進步，經濟的發展，無一不是建立在知識的基礎之上。知識也被作為衡量一個人的價值的標準。所以，我們必須擁有一個知識豐富的頭腦，利用好積累和移植這兩劑強化頭腦的良藥。

5．用知識豐富頭腦，用學習增強能力

二十一世紀，是知識競爭的年代，是學習力競爭的年代，如果你還沒有具備幾招過人的本領，那麼你將被無情的市場競爭所淘汰。適者生存是自然界的基本法則，優勝劣汰是市場經濟的重要規律。在激烈的競爭下，你必須要讓自己變得強大。所以時刻都要有這樣的想法：用知識豐富你的頭腦，用學習增強你的能力。

顏墨高從一九六一年22歲時進入美國銀行當信貸業務專員，開始他的銀行家生涯。顏墨高像現在美國的許多年輕人一樣，在工作了一段時間之後，對自己的學識感到不滿足，產生了回大學深造的願意。這種願意，實際上與他自己在事業上的前途有密切關係。

第二次世界大戰結束之後，美國銀行業發展迅速，競爭激烈。一個人在銀行裏

工作，如果沒有高深的專業知識和較高的學歷，銀行當局就不會委以重任，個人的事業前途就有了阻礙。因此，有一段時間，顏墨高離開了美國銀行，進入美國史丹福大學讀研究所，取得了商業管理碩士學位。之後，他參加了美國總統的行政交換計畫，被派往華盛頓美國政府國會的貨幣事務處工作。

顏墨高在離開美國銀行之後，有了在政府貨幣機構中工作的經驗，有了比過去更高的學歷，這使他幸運地再次被美國銀行雇用，並且被派到倫敦去，擔任美國銀行倫敦分行的經理。他的工作地點後來多次變動。

一九七一年，他第三次被調往倫敦工作，出任美國銀行倫敦分公司副總裁。

一九七七年，他第四次被調往倫敦工作，擔任美國銀行歐洲、中東和非洲區的負責人。這之後的幾年裏，他又擔任過美國銀行內部貨幣及貸款政策委員會的高級人員及主席。最後，他在美國銀行前任行長克勞遜退休之後，晉升為美國銀行總行的行長。

顏墨高從初進美國銀行當信貸業務專員，到一九八一年年僅40多歲就當上了這家美國及全世界最大私營銀行的總裁，前後不過20年，堪稱奇蹟。可是，縱觀顏墨高過去20年的經歷，他的成功與他個人的不斷奮鬥、充實自己的專業知識、提高自己的業務能力、豐富自己的工作經驗有極其密切的關係。

顏墨高的發跡史毫無疑問地證明了知識的強大力量。在工作中，堅持學習，不斷充實自己的知識，提高自己的能力，才能輕鬆地應付各種工作，甚至出類拔萃。尤其是在當今的社會。當今的社會無論你從事什麼行業，做什麼工作，都要不斷地豐富你的頭腦，增強你的能力，這也是獲得成功的永恆不變的真理。

福特少年時，曾在一家機械商店裏當店員，週薪只有2美元。他自幼好學，尤其對機械方面的書籍更是著迷。因此他每星期都花2美元3美分來買書，孜孜不倦地研讀，從未間斷。當他和布蘭都小姐結婚時，只有一大堆五花八門的機械雜誌和書籍而已，其他值錢的東西則一無所有；但他已擁有了比金錢更寶貴、更有價值的機械知識。

幾年後，福特的父親給他了二百多平方米的土地和一棟房屋。如果他未研讀機械方面的雜誌書籍，終其一生，也許只是一個平平凡凡的農夫而已。但「水向低處流，人往高處走」，已具有豐富機械知識，胸懷大志的福特，卻朝向他嚮往已久的機械世界邁進。

功成名就之後，福特曾說道：「積蓄金錢雖好，但對年輕人而言，學得將來經營所必需的知識與技能，遠比蓄財來得重要。」

福特說：「年輕的朋友，先把錢投資於有益的書籍吧！從書上可學到更大的能力；至於儲蓄，有了充分的能力致富後，開始蓄存還來得及。」

要記住：金錢買不來知識，而知識是最大的財富，一定要用知識豐富你的頭腦。在這個知識與科技發展一日千里的時代，唯有不斷學習，不斷地充實自己，不斷追求成長，才能使自己在工作上始終立於不敗之地。

在一個漆黑的晚上，老鼠首領帶領著小老鼠出外覓食，在一家人的廚房內、垃圾桶中有很多剩餘的飯菜，對於老鼠來說，就好像發現了寶藏。正當一大群老鼠在垃圾桶附近大挖一頓之際，突然傳來了一陣令它們肝膽俱裂的聲音，那是一隻大花貓的叫聲。老鼠震驚之餘，便各自四處逃命，但大花貓絕不留情，不斷窮追不捨，終於有兩隻小老鼠躲避不及，被大花貓捉到了。

正當大花貓向它們吞噬之際，突然傳來一連串兇惡的狗吠聲，令大花貓手足無措，狼狽逃命。大花貓走後，老鼠首領從垃圾桶後面走出來說：「我早就對你們說，多學一種語言有利無害。」

「多一門技藝，多一條路。」生活在都市叢林裏的人們遵循著「物競天擇，優勝劣汰，適者生存」的自然法則。要想在激烈的競爭中勝出，就必須不斷地用知識豐富你的頭腦，用學習增強你的能力。

6・用行動去實踐，別讓好點子夭折了

俗話說：「事實勝於雄辯。」不管你說得怎樣天花亂墜，但事實就是事實，是不容去辯駁的。生活中大多數人的想法很多，卻沒有幾件付諸行動，結果自然還是一事無成。比爾・蓋茨說：「想做的事情，立刻去做！從潛意識中浮現的念頭，立即付諸行動。」這說明了實踐的重要性，只有實踐才能產生結果；否則，再好的主意都是空想。所以，要想讓人生更加有意義，就要以實踐為目的，別讓好的點子在紙上夭折。

制定目標是容易的，難的是付諸行動。制定目標可以只是坐下來用腦子去想，實現目標卻需要扎扎實實的行動，只有行動才能化目標為現實。相當多的人制定了目標之後，便把目標束之高閣，沒有投入到實際行動中去，結果到頭來功虧一簣。當你把目標確定下來之後，接下來最重要的一步就是立即讓自己行動起來，向著把目標實現的方向拿出具體的行動，可別一拖再拖。一個真正的決定必然是有行動的，並且還是立即的行動。先別管會行動到什麼程度，最重要的是要行動起來。

美西戰爭爆發後，美國總統馬京利必須跟西班牙的反抗軍首領加西亞取得聯

繫。加西亞在古巴叢林裏，沒有人知道確切的地點，可是美國總統又必須儘快得到他的幫助。這時候，有人推薦了羅文中尉，「只有他有辦法找到加西亞」。大家肯定地說。羅文接過總統的信後並沒有問「加西亞在什麼地方」或「我怎麼找到他」，而是立刻行動。三個星期後，羅文經歷了千辛萬苦、冒著生命危險，徒步走過危機四伏的國家，把那封信交給了加西亞。

當你開始行動的時候，或許還不能看見你所追求的東西究竟是什麼樣子，這時往往會感到困惑，感到目標的遙遠，感到跋涉的艱難。但是，只要你毫不猶豫地做下去，堅持不懈地幹下去，你就會發現目標在你的眼裏越來越清晰。生命的過程就是不斷地去追尋、探詢，努力過，才不會有遺憾，才可能會成功。

赫胥黎說：「人生偉業的建立，不在於能知，乃在於能行。」沒有行動，一切目標、計畫都將落空，成功也就無從談起。老子說：「合抱之木，生於毫末；九層之台，起於累土；千里之行，始於足下。」可見行動是完成計畫奔向目標的保證。

那麼，如何才能保證我們的想法都能落到實處呢？其實，行動要靠自己來堅持，任何外界的壓力只能是暫時的。行動需要人的理想、信念、情感、意志做後盾。俗話說：「有志者立長志，無志者常立志」，千萬不要做「語言的巨人，行動的矮子」。

為了確保自己的行動有益有效，有始有終，應注意以下四點：

(1)邁出第一步 萬事開頭難，邁出第一步便是行動的開始。

(2)立即行動 許多人都有一種惰性，做事缺乏只爭朝夕的精神。結果明日復明日，萬事成蹉跎。為了克服這種惰性，應該學會雷厲風行，凡是看準了的事就要立即行動。

(3)雷打不動 人的行為容易受主客觀因素的干擾，或中斷、或放棄，造成前功盡棄。要使目標能得以實現，必須確保自己的行動能堅持不懈。古人云：「苟有恆，何須三更睡五更起；最無益，莫過一日曝十日寒。」

(4)征服自己 「自我控制並不單是一種非凡的美德，它更是使其他美德煥發光彩的源泉。」這是《國富論》的作者亞當・史斯密的名言。紐西蘭人艾德蒙・希拉瑞・艾德蒙是第一位成功征服珠穆朗瑪峰的人，當有人問他是如何完成這一奇蹟的？艾德蒙笑著回答道：「我真正征服的不是一座山，而是我自己。」

——以上的四點也許會幫你找到實踐想法的竅門。但這並不是最重要的，重要的是你要有實踐的精神。

美國的成功學大師希爾博士在他所著的《人人都能成功》一書中寫了一個故事：

63歲的菲莉皮亞夫人決定從紐約市步行到佛羅里達州的邁阿密市去（這段路程大約相當於從北京到香港的距離）。當她到達邁阿密時，記者問她是如何鼓起勇氣徒步旅行的。她回答說：「走一步路是不需要勇氣的。我就是邁出一步，再邁一步，不停地邁，就到這裏了。」

從紐約徒步到邁阿密是菲莉皮亞夫人的目標，一步接一步地走是她的計畫，然後邁出第一步，再邁第二步、第三步……這就是她的行動。如果她不去「走出第一步」，她就永遠也不能到達邁阿密。

如果你有了目標，有了好的想法，那麼就像故事中的這個美國老太太一樣一步一步地邁下去，你一定會成功。空有想法只會讓人失望，甚至會讓你自己也失去信心，只有行動才最叫人放心。

7．積極地為明天打算，不要為昨天感傷

所謂「人無遠慮，必有近憂。」是說人如果沒有長遠的謀劃，就會有即將到來的憂患。這是一句充滿了智慧的古老諺語，告誡我們要未雨綢繆，不要只看眼前的事物，而忘卻了人之所以積極奮鬥的遠景期待。

人可以說是踩著歷史的車輪前進，是歷史的積累才有了今天，是有了今天的努力才會有明日的輝煌。所以，人要想達到明日的輝煌，只有一種手段，那就是時刻走好今天

的路。反過來說，在今天就積極地為明天做打算，那麼一定會取得成功。

在人生的道路上不但要積極地為明天準備，而且不能總消極地為昨天感傷。昨天的失敗不代表永遠的失敗，如果你走不出昨天的失敗，總是在為昨天而感傷，那才將是永遠的失敗。當面對失敗的時候，要以積極的心態樂觀面對，相信你可以瀟灑走過。

拿破崙・希爾曾經這樣解釋過：「那種經常被視為是失敗的事，只不過是暫時性的挫折而已。還有，這種暫時性的挫折實際上就是一種幸福，因為它會使我們振作起來，調整我們的努力方向，使我們向著不同但更美好的方向前進。」

有一個農婦種黃豆，由於天氣乾旱，她將黃豆埋得很深，過了幾天，她和兒子翻開土地，發現很多種子長出了長莖，馬上就要破土而出了，兒子很奇怪，問：「種子長眼睛了嗎？為什麼在黑暗中還知道向上長？」農婦回答：「因為它要尋找陽光，沒有陽光，它會活不下去。」

人的生命裏時常會有失去陽光的日子，就像種子被埋在土裏一樣，埋得很深的種子，固然生長艱難，但長大後必定根深葉茂，能經風雨。向上的種子告訴我們，陽光就在我們的頭頂。面對昨日的失敗，是痛苦感傷，消極地一味沉淪下去，還是積極樂觀，讓自己重新站立起來？事實證明，只有經得起失敗的人才能成功，因為人的一生不可能沒有失敗，只有那些有信念支持，有堅強意志，有樂觀精神的人才會創造生命的奇蹟。

人的生命如同一條一去不回的河流，逝去的就再也不會回來。時間之緊迫，不允許我們為了昨日的事情感傷，必須迅速地振作起來，走出昨日的陰影。如果我們始終停留在昨日的陰影裏，悲惜感傷，那樣只能蹉跎歲月一事無成。

知道了要為明天做好準備就必須走好今天的路，今天的一切都是在為明天做準備。成長中難免會出現錯誤，但不要為錯誤而感傷，因為那已經屬於昨天。所以，我們要積極地調整自我、完善自我，放眼未來向前看，為明天做好準備，如此我們的事業和人生才會結出累累碩果。

8．利用好你的好勝心，發揮它的作用

爭強好勝是人的天性，因為成功是每個人都嚮往的。有人說，好勝心強，是一件壞事，會讓人產生嫉妒的心理，性格扭曲，導致人生的悲劇。這樣的說法不無道理，但不絕對。

如果能正確地認識和利用好勝心，你就絕對會促進人生的發展。因為，適度的爭強好勝，會讓你產生前進的強大動力，這種強大的動力也能激發出你強大的潛力。

這個世界的生存規律是「優勝劣汰，適者生存」。在這樣的環境下，你必須保持一

顆積極的心態，一顆永遠戰鬥的心，去積極爭取勝利，才會有動力不斷向前。

好勝心可以激發出人們身體裏的絕對潛質，激發出置之死地而後生的勇氣，讓你發揮出平常所不具備的能力。

我們一直在強調爭強好勝所帶來的好處，當然，我們要提倡的是良性的爭強好勝，也就是共贏的競爭。所以，在現實生活中，我們要調整好我們的好勝心態，讓它發揮出有益的作用。

9．給大腦一點胡思亂想的時間

人們經常抱怨，自己的腦子總是胡思亂想，盡想一些沒用的東西。實際上，就像我們的心臟在一刻不停地跳動那樣，只要我們活著，我們的大腦就會一刻不停地思維。不論所想的內容是否有用，大腦總在不停地想著各種事情，即使睡眠的時候，我們還會做夢呢！

從形式上看，思維總是從一個事物想到下一個事物，從一個概念想到下一個概念，這叫做聯想。聯想中的每一個具體形象或概念，就如同鏈條上的每一個環節，如果將這一個個形象或概念連接起來，就構成了思維的整個過程。

當我們工作或學習的時候，大腦所進行的聯想是一種有目的的、受意志控制的聯想，在意志的控制和支配下，聯想可以幫助我們解決許多具體問題。當我們忙完了一天的事情、躺在床上快要睡著的時候，大腦從一天的緊張工作學習中擺脫出來，這時大腦會暫時失去意志控制而毫無目的地、天南地北地「胡思亂想」，我們也就在這「胡思亂想」中漸漸睡去。這種沒有意志控制的「胡思亂想」，就是自由聯想。

自由聯想除了可以在睡前出現外，還可出現在白天。如當我們沒有什麼重要的事情急著要做的時候，我們可能會暫時閑下來，坐在那裏不知不覺地進入了自由聯想狀態，這時或許會給自己編一段故事，自己變成了白馬王子或白雪公主，或在想像中自己變成了一位武功高強的大俠，這常被稱作「白日夢」。

自由聯想有時還會出現在上課的時候，如老師正在繪聲繪色地講解朱自清的散文《荷塘月色》，自己聽著聽著，不知不覺便開始了自由聯想，眼前好像真的出現了月光下的蓮花，四周靜極了，耳邊隱約響起了秋蟲的叫聲……猛然驚醒，發現自己剛才竟然在聽課時「走了神」。再有的時候，語文老師將作文題寫在黑板上，我們便開始了自由聯想，一個個人物、一幅幅畫面呈現在我們的腦海裏，大腦先是浮想聯翩地亂想一氣，最後我們將所想到的許多雜亂的事情整理出來，就成了一篇很好的作文。

從人類進化的角度看，人類的思維應該是越來越發達，聯想的內容也越來越豐富，自由聯想應該是越來越多，而不是越來越少。自由聯想是人的高級功能，電腦就很難有這種功能。讓現在世界上最高級的電腦寫作文，最多也只能寫二百多字，而且還經常是讓人看不懂其內容。思想家是思維聯想豐富的人，他們會想到一般人沒有想到的事。

儘管我們每天經常是為了解決某些問題而進行著有意志控制的、有目的性的聯想，可只要稍有空閒，大腦就會自動進入無意志控制的、無目的性的自由聯想狀態。自由聯想占去了我們每天相當多的時間。但是，自由聯想絕不是在浪費時間，因為自由聯想是大腦思維的基礎形式。雖然自由聯想是無意志控制時的單純的思維，但它是高級的、有目的性的思維賴以進行的基礎。

因此，佛洛依德將自由聯想及夢等這樣一些表面上看起來沒有目的、沒有邏輯、沒有具體意義的潛意識水準的思維叫做「初級思維過程」，而把意識水準的有目的的、受意志控制的思維叫做「次級思維過程」。自由聯想絕不等於病態的思維，絕不是沒有任何聯繫的事物的堆砌。自由聯想與平時工作學習時的思維的差異只在於沒有很強的目的性和功利性。

自由聯想並非是沒有規律的、沒有邏輯的「亂想」，而的確是有規律的。自由聯想也是對客觀事物的反映，客觀事物是有規律的，反映到自由聯想中就變成了聯想的規律。心理學家的研究結果表明，自由聯想的基本規律有近似聯想、對比聯想、接近聯想、意義聯想。

如果將有意志控制的、有目的的思維比作奔向某個地方的話，而自由聯想則如同散步。散步可以讓身體得到積極的放鬆和休息，而自由聯想則可以讓我們繃緊的大腦神經得到積極的休息。大腦在自由聯想時可以變得異常活躍，可以從眼前的具體事務中擺脫出來，讓自己思考那些比眼前的瑣事更重要、更深遠的事情，能夠讓內心的願望充分展現出來，讓自己看到我們平時所忽略了的內心的真實面貌。自由聯想是人的本性力量，是不能夠被壓服的。人有自由聯想的能力，也有自由聯想的權利。我們完全可以給自己的心靈劃一個「特區」，告訴自己什麼都可以想，什麼又都可以不想，讓自己更加自由地聯想。

經過一段時間的自由聯想，我們的大腦就會變得非常活躍，特別富有創造力，思維也變得特別靈活。如果你不相信的話，你可以做一個測驗：在你第一次開始進行自由聯想訓練之前，眼前擺一台答錄機，你閉上眼，想到什麼立刻就說出來，只用簡單的詞來說，最後統計，一分鐘共說出了多少個單詞。以此來檢查大腦自由聯想的速度和能力。這既是一個簡單的自由聯想的檢測方法，也是一個自由聯想的自我訓練方法。經過一段時間的自由聯想訓練之後，再對大腦的自由聯想能力進行測試，你就會發現，每分鐘自由聯想能夠說出的單詞數量已有了大幅提高。

10．成功的思維要素掌握在我們自己手中

一個人能否成功，就看他的態度了！成功人士與失敗者之間的差別是：成功人士始

終用最積極的思考、最樂觀的精神和最輝煌的經驗支配和控制自己的人生，失敗者則剛好相反，他們的人生是受過去種種失敗與疑慮所引導和支配的。

有些人總喜歡說，他們現在的境況是別人造成的，環境決定了他們的人生位置。這些人常說他們的想法無法改變。但是，我們的境況不是周圍環境造成的。說到底，如何看待人生，由我們自己決定。

納粹德國某集中營的一位倖存者維克・弗蘭克說過：「在任何特定的環境中，人們都還有一種最後的自由，就是選擇自己的態度。」

馬爾比・巴布科克說：「最常見同時也代價最高昂的一個錯誤，是認為成功有賴於某種天才，某種魔力，某些我們不具備的東西。」

可見成功的要素，其實掌握在我們自己的手中。成功是正確思維的結果。一個人能飛多高，並非由人的其他因素，而是由他自己的態度所決定的。

我們的態度在很大程度上，決定了我們人生的成敗——

(1) 我們怎樣對待生活，生活就怎樣對待我們。

(2) 我們怎樣對待別人，別人就怎樣對待我們。

(3) 剛開始時的態度，決定最後的成敗。

(4) 人們在任何重要組織中地位越高，就越能找到最佳的態度。

難怪有人說過，我們的環境——心理的、感情的、精神的，完全由我們自己的態度來創造。

有了積極的思維並不能保證事事成功。積極思維肯定會改善一個人的日常生活，但並不能保證他凡事心想事成；可是，相反的態度則必敗無疑，消極思維的人必不能成功。從來沒有抱消極態度的人能取得持續的成功。

一般來說，「消極思維的後果」有以下幾種——

(1)**消極思維會在關鍵時刻散佈疑雲** 一個人在生活中老是尋找消極東西的話，就會成為一種難以克服的習慣。這時候，即使出現好機會，這個消極的人也會看不到，抓不著。他會把每種情況都看作一個障礙接著一個障礙。障礙與機會的差別就是人們對待事物的態度。

(2)**消極思維有傳染性** 俗話說，「物以類聚，人以群分。」聚在一塊兒的人則互相影響，逐漸靠近而變成一樣。跟消極思維者相處得久了，你就會受他的影響。接觸消極思維者就像接觸到原子輻射，如果輻射劑量小，時間不長你還能活，但持續輻射就要命了。

(3)**消極思維使人悲觀** 消極者應用的墨菲定律——任何事情看似容易，實質很難；任何事情所費的時間都比你預期的多；任何事情都會出差錯，而且是在最壞的時刻出差錯——使他們從最壞的角度看問題。而成功人士總是從最佳的角度看待機會，作出判斷。

(4)消極思維使希望泯滅　看不到將來的希望，就激發不出現在的動力。消極思維摧毀人們的信心，使希望泯滅。它慢慢地，但不停地使消極思維者意志消沉，失去任何動力。

(5)消極思維限制了人的潛能　人們相信會有什麼結果，就可能有什麼結果。人不可能取得他自己不追求的成就。人不相信他能達到的成就，他便不會去爭取。當一個消極思維者對自己不抱很大期望時，他就會給自己取得成功的能力「嘭」的一聲封頂。他成了自己的潛能的最大敵人。

(6)消極思維使人不能享受人生　在人生的整個航程中，消極思維者一路上都在暈船。無論目前的境況如何，他們對將來總是感到失望。許多人信奉索姆定律：「凡是事情看好的時候，你肯定疏忽了某些東西。」在消極思維者眼中，玻璃杯永遠不是半滿的，而是半空的。他們預期得到人生中最糟的東西——而且確實會得到。

而「積極思維的威力」則包括以下幾個方面——

(1)言行舉止像你希望的人　積極的行動導致積極的思維，而積極的思維導致積極的人生態度。態度是緊跟行動的。

(2) **心懷必勝、積極的想法**　安德魯・卡耐基說過：「一個對自己的內心有完全支配能力的人，對他自己有權獲得的任何其他東西也會有支配能力。」當我們開始用積極的方式思維並把自己看成成功者時，我們就開始成功了。

(3) **用美好的感覺、信心與目標去影響別人**　隨著你的行動與思維日漸積極，你就會慢慢獲得一種美滿人生的感覺。信心日增，人生中的目標也越來越強烈。緊接著就會吸引別人。

(4) **關心周遭的每一個人**　把與你交往的每個人都當做世界上最重要的人看待，使你遇到的每一個人都感到自己重要、被需要、被感激。

(5) **找每個人最好的東西**。

(6) **除非萬不得已，否則不談自己的健康問題**。

(7) **到處尋找最佳的新觀念**。

(8) **放棄雞毛蒜皮的小事**。

(9) **培養一種奉獻的精神**。

——思維模式可以改變，而態度你可以自己選擇。你選哪一種呢？

第四章

好運不會自己送上門

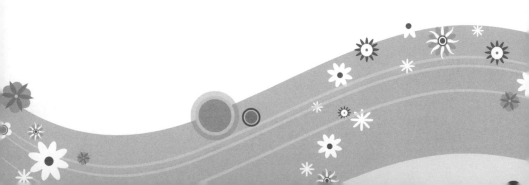

有人說，決定人的差別往往就是機遇。遇到了好的機會很可能就改變了人的一生。年輕人往往總在幻想著好運的降臨，等待著機遇的出現。事實證明，坐等機遇的出現，只會錯過機遇。現代社會競爭激烈，機會稍縱即逝，如何才能把握好身邊的機會？

俗話說：「機會是留給有準備的人的。」作為一個年輕人，你應該拍拍胸口問問自己，你準備好了嗎？你知道該要怎樣準備嗎？這些問題，在本章裏，你都會找到屬於自己的答案。

1．做一個善於捕捉機遇的人

機遇是捉摸不定的，人們總期望機遇垂青自己，而機遇是需要你自己去尋找的。找到了機遇就一定能成功嗎？當然不是，這得看你有沒有利用機遇的能力。只有以勤奮的工作，扎實的功底作為基礎，加上外來的機遇，成功之門才會向你敞開。

還有一種情況，機會就擺在那兒，我們卻由於眾多原因，前怕狼後怕虎，猶豫不決，以致機會從眼前飛走。這樣的事例經常發生在我們身上或身邊，這正是由於我們不敢相信自己也能借機遇而一夜暴富，對自己缺乏足夠的信心，所以在機會唾手可得時，也不敢想到利用機會，讓自己變成富翁大款。

成功者都是善於抓住機遇的人，雖然他們有時難免犯錯誤，但是他們比起那些做事猶豫的人要強，取得成功的幾率也大得多。

作為成功者都似乎從沒有這種憂慮，因為他們總是敏銳地抓住了各種機遇，使自己的產業不斷擴大。

美國大富翁亞蒙・哈默的創業生涯始於他成功地抓住了創業的時機。哈默很關注各屆政府首腦的經濟政策，並深諳這些政策對經濟的影響。當佛蘭克林・羅斯福總統入主白宮時，哈默研究了羅斯福的經濟政策，並認識到羅斯福提出的「新政」中，禁酒令將會被廢除。由此再進一步分析，禁酒令廢除後，市場對啤酒和威士忌酒的需求就會大增，那時就需要空前數量的酒桶。

哈默慧眼識金看出這一商機，立即向蘇聯訂購了幾船製作木桶用的白橡木，在紐約碼頭設立了一個臨時性的木桶加工廠。

當哈默的這些準備工作就緒之際，羅斯福總統果然下令廢除「禁酒令」。同時，哈默的酒桶正從生產線上滾滾而出，很快這些酒桶就身價倍增，哈默也從中大賺利潤。

善於捕捉機遇的人，會減少其一半的奮鬥時間。機遇是不期而至的，同樣的一件事情，對於這個人來說是機遇，而對於那個人來說卻不一定是機遇；對於這個人的這個時間階段是機遇，而在其他時間階段內卻不一定是機遇。

2．與其消極等待，不如主動出擊

人生就是一場戰鬥，有的人積極主動，有的人則害怕激烈的戰鬥，選擇消極等待。其實無論你積極還是消極，都會因為生存壓力、生活需要，自然地被捲入人生這場戰鬥，與其被動地捲入戰鬥，還不如主動出擊，選擇有利於你的人生戰場，去打一場真正由你選擇的人生戰鬥，去爭取勝利。

我們首先來看一下消極等待的後果。

春秋戰國時期，宋國有個農夫正在田裏耕田，田地裏有一個粗大的樹墩。突然，農夫看見有一隻野兔從旁邊的草叢裏竄出來，急速向前跑去並一頭撞在田裏的樹墩上後，便倒在那兒一動也不動了。農民走過去一看，兔子昏了。因為兔子奔跑的速度太快，撞在樹幹上撞昏了。農夫高興極了，他白白撿了一隻又肥又大的野兔。農夫想要是天天都能撿到野兔，那該有多好啊。從此，他再也不肯出力氣種地了。每天，他就躺在樹幹跟前，等待著第二隻、第三隻野兔自己撞到這個樹幹上來。農夫當然再也沒有撿到撞昏的野兔，而他的田地卻荒蕪了。

故事裏的農夫顯然是荒唐可笑的，但是現實中的人們又何嘗不是呢，總以為還會有「野兔」來到你的身旁而只是在那裏消極等待。人們之所以選擇消極等待，因為主動出擊的確不是一件輕而易舉的事情，主動出擊必然要付出更多的努力。吃常人難以吃的苦，忍常人所不能忍，方能為常人所不能為，這才是成大器的途徑。

很多時候消極等待也未必就是我們希望消極等待，往往是在一定的利益基礎上，基於一定的生活習慣，認為這樣得過且過也可以終老一生，而要主動出擊打破現有的狀態會帶來不可預知的風險。所以人變得安於現狀，形成了惰性，不知道該如何走出這第一步，將就於眼前的小利益而不敢去觸碰更加美好的未來。

主動出擊是一種積極的生活態度，所謂居安思危，是指時刻都要保持一種危機的意識。如果只是安於當下的生活，後果也許不堪設想。市場經濟改革，讓擁有「鐵飯碗」的國有企業職工下崗了，一時間，很多人不知所措，委靡不振。而對於有些人來說這卻是一個重生的機會。這些人就是有著鑽研進取、主動出擊精神的人。主動出擊的活法改變了他們人生的命運。電視臺就曾播出過一個「蘆薈大王」的故事。

她是一位中年失業的女工，丈夫棄她而去，她獨自帶著女兒，完全沒有生活來源。她整個人都陷入了崩潰的邊緣，對生活幾近絕望。然而，悲痛之餘也讓她產生了重生的信念。一次偶然在電視中聽說蘆薈對美容、治病都有奇效。於是，她決定種植蘆薈。

她向父母借了一筆錢，帶著女兒，去偏僻的鄉下，承包了一片土地。那時候對於種植蘆薈的方法，她還是一無所知，剛開始困難重重。她沒有錢去雇傭工人，一切苦活、累活都要自己幹。挑土、擔水、施肥，她甚至咬著牙挖了一條引水渠，其工作量對於一個強壯的男人來說，都是不可想像的。

開始的時候，由於她不熟悉蘆薈的習性，所種的蘆薈生長得不好。於是，她又開始學習農業知識，去很遠的地方請教專家。就這樣白天辛苦，晚上還要照顧女兒，女兒睡了，她還不能休息，還要挑燈夜戰，補習農業知識。就是這樣在無數次的失敗之後，她種植的蘆薈漸漸地成熟了，她現在種植的蘆薈有幾十萬株，價值數百萬元，成為了名副其實的「蘆薈大王」。

每一個人都必須對自己的生活負完全的責任，每個人都是自己命運的設計師。積極主動還是消極等待都是自己的選擇，成功只有靠你自己的努力。上天是公平的，只有付出才能有回報，你只有艱辛地努力了，最終才能很好地享受人生。

主動出擊的精神，不但是要在失敗的時候，積極地去調整和改變自己的人生，更主要的是主動去發現和創造自己的人生。由被動的受制於環境，受制於他人，變為自主主動。機會是由積極主動所帶來的。正是這種「有機會要上，沒有機會創造機會也要上」的精神才成就了成功的人生。

積極的思想會產生積極的行動，得到積極的結果；消極的思想會導致消極的行動，得到消極的結果。凡事要主動出擊，優秀的人不會等待機會的到來，而是去尋找並抓住機會，把握機會，征服機會，讓機會服務於自己。人生似一次攀登高峰的旅程，消極等待的人，總會找到各種逃避的理由，只有那些主動出擊、創造機會的人才會成功登頂。

3．積極地適應環境，做一隻冬天覓食的狼

「人，是社會關係的總和。」一個人要在社會中生存和發展，就必須使自己的思想觀念、思維方式、知識能力以及生活方式、生活習慣等一切同社會環境相適應。

當然，在這裏並不是鼓吹「環境決定論」，而是說，一個人要在事業上有所作為，離不開職業崗位提供的條件，離不開領導的支持和周圍人的幫助。周圍的世界、周圍的環境相對於個人來說是強大的，我們不可能奢望環境因自己所需就隨意改變，我們只有很好地適應周圍的社會環境，才能在社會發展中獲得成功。

同樣，動物為了適應周圍的環境，也會改變以往的一些生存習慣。

生活在加利福尼亞半島上的美洲鷹，在當地人的大肆捕殺和工業文明對生態環境的破壞下，逐漸滅絕了。最近幾年，一個美國科學家，非常意外地在南美安第斯山脈的一個岩洞裏又發現了滅絕的美洲鷹。更讓人驚奇的是它們生活在山洞裏，而且洞口非常的小，還有很多帶尖的石頭分佈在周圍。這樣一個兩翼伸展開後長達三公尺、體重二十公斤的龐然大物，是怎麼在岩石與岩石之間只有0.5英尺的空隙間來回飛進飛出，實在是無法想像。

後來這位科學家，用現代科技在岩洞中捕捉到了一隻美洲鷹，並用它做了實驗，科學家從錄影上的慢鏡頭中發現了美洲鷹在只有0.5英尺大的小洞鑽進鑽出的祕密。原來，在它鑽出小洞時，雙翅緊緊地貼在肚皮上，雙腿卻直直地伸到了尾部，與同樣伸直的頭頸對稱起來，就像一截細小而柔軟的麵條一樣，就是這樣，它才能自由自在地飛進飛出。當然，美洲鷹之所以要費這麼大的力氣生活在山洞裏，完全是生存所迫，為了逃避獵人的捕殺和天敵的攻擊，它們只能這樣去做。科學家在牠們的身上發現了許多大小不一的結痂，這些結痂就是在穿越岩洞時被堅硬的岩石所碰傷留下的。這就是為了適應環境所付出的代價。

適應環境的美洲鷹活了下來，沒能跟上環境變化腳步的美洲鷹滅絕了。美洲鷹為了適應環境付出了血的代價。人類文明發展到今天也是在和環境的不斷磨合之中付出了慘重的代價後得來的。面對今天紛繁複雜的社會環境，要想在其中有所發展就必須積極主動地去面對，去適應環境，未雨綢繆，走在前面。積極地適應環境方能長盛不衰，而逃避的結果只能是被淘汰。

在席捲全球的金融海嘯中，美國著名的通用汽車公司破產了，在很多人看來這是很不可思議的，有專家總結說，通用汽車公司的破產就在於它沒有適應市場的變化。

二十世紀70年代之後，世界汽車工業製造基地已經向日本、韓國等東亞國家轉移，日本、韓國的低耗油汽車逐漸成為市場的主流。美國本土的汽車公司並沒有認識到這一市場需求的變化，繼續生產高耗油的汽車。無視市場需求的結果是美國三大汽車公司的市場份額逐步減少，單在美國的本土市場，日本、韓國的汽車銷售量就超過了三大汽車公司的銷量。加之國內汽車行業的壟斷競爭，以及高工資、高福利背後的隱患，即使不發生全球金融危機，通用汽車公司早晚也會面臨危機。而這次全球的金融危機，成為壓倒駱駝的最後一根稻草，讓美國汽車製造業的危機全面爆發。

問題出現以後的調整和改變所需付出的代價是更為慘重的，通用汽車公司走向了破產。其往日的雄風能否恢復，已經是一個不可想像的未知數了。與其被動調整不如積極主動地去適應。自然界中有一種動物，給了我們很好的啟示。

狼，一種在地球上生存了大約八百萬年、具有強大生命力的物種，對於環境的適應永遠都是積極主動的。寒冷的冬天到來了，大自然一片蕭瑟，大部分的動物都躲藏起來了，甚至像黑熊這樣的龐然大物也選擇了冬眠。而這時候的狼，集結在一起，一聲長嘯，出發捕食獵物，在北風咆哮、大雪紛飛的時候，牠們不坐以待斃，不吃以前的老本，而是主動出擊，去適應和挑戰嚴寒的環境，為明年的春暖花開做準備。這是一種無與倫比的戰鬥精神，也是人類生存發展非常值得借鑒的精神。

現代的世界，都市是森林，男人就該是這森林中的一匹狼。在高樓林立的都市中，行走、守候、觀望、思考，遭遇失敗挫折，遭遇競爭廝殺，永不放棄、永不言敗。這個世界很現實，要生存就要比別人更能適應環境，反應稍慢一點都不行。要像狼一般，牢牢守住目標，主動出擊，積極面對，贏得成功。

4．多一份細心，多一次機遇

有一首名為《釘子》的小詩，詩中這樣寫道：

丟了一枚釘子，壞了一隻蹄鐵；
壞了一隻蹄鐵，折了一匹戰馬；
折了一匹戰馬，傷了一位騎士；
傷了一位騎士，輸了一場戰鬥；
輸了一場戰鬥，亡了一個國家。

「細節決定成敗，細節決定人生」，要想擁有完美人生，就得從小事做起，留意生活中的每個細節。多一份細心，就多一次機遇。人們經常會聽到一些人在抱怨，沒有機會，或者又錯過了機會。為什麼會這樣的呢？難道，抓住機會真的就這麼難嗎？其實不然，很多時候，機遇從你身邊擦身而過，而你卻沒有發現。機遇總是稍縱即逝，只有那些細心的人，才會發現機會；只有那些細心的人，才能捕捉到機會。

曾經有這樣一位女孩，大學剛畢業，到一家公司應聘財務會計工作。第一次面試因她太年輕了，沒有工作經驗而遭到了拒絕。她並沒有因此而放棄，她請求主考官再給她一個機會，讓她參加筆試。主考官被她的誠意所打動，答應了她的請求。結果，她筆試考了第一名，由人事經理親自複試。

人事經理對這位女大學生頗有好感，因為她的筆試成績非常好。不過，女大學生的話還是讓他有些失望。她說：「我是剛剛畢業的，以前沒有參加過工作，唯一的經驗是在學校裏掌管過學生會的財務工作。」經理想了想說：「如果有消息我會打電話通知你。」女大學生有些猶豫地從座位上站起來，向經理點點頭，然後從口袋裏掏出二塊錢雙手遞給了經理，說：「不管是否錄取，請都給我打個電話。」人事經理沒有想到她會這麼做，竟一下子呆住了。不過他很快回過神來，問：「你怎麼知道我不給沒錄取的人打電話？」女大學生說：「您剛才說有消息就打，那言下之意就是沒錄取就不打了。」

這時候，人事經理對這個女孩產生了濃厚的興趣，他問：「如果你沒被錄用，我打電話，你想知道些什麼呢？」女大學生很鎮定地說：「請告訴我，我在什麼地方不能達到你們公司的要求，我在哪方面不夠好，我好改進。」

「那兩塊錢……」人事經理問道。

女孩微笑道：「給沒被錄取的人打電話是一種浪費，而且也不好說，所以由我付電話費，請你一定打。」人事經理聽了微笑道：「請你把兩塊錢收回去吧，我不會打電話了，我現在就通知你，你被錄用了。」

細心把本不屬於自己的機遇捕捉到手，這是一種幸運；相反，粗心的人會把本屬於自己的機遇，人為地放棄掉，這是一種悲劇。

二十世紀70年代，英國廣播公司駐香港的記者羅倫斯，發表過不少重大的新聞報導，被世界各大報紙轉發。不過這樣的一個知名記者也因為自己一時的粗心大意，錯過了一條重大新聞。

一次，羅倫斯正在海濱的家中，他突然接到倫敦總部打來的電話，電話那邊很急切地問：「『伊莉莎白皇后號』有什麼新的進展？」

羅倫斯喝著咖啡不慌不忙地回答：「啊，它是世界上最大的郵船，一九三〇年在克萊德河上建成……」

「不，不是，」電話那頭大聲喊叫起來，「我們問的是現在！」

「噢，它不就停在香港岸邊嘛，有人計畫把它改成海上大學。」羅倫斯有些不解地說。

「但是，那玩意兒現在正在燃燒哩！」總部那邊急切地說。

這時候羅倫斯大吃了一驚，快步走到窗前，拉開窗簾。就在他面前的港口，那艘雄偉的郵船從頭到尾都在熊熊燃燒，煙霧遮住了整個天空。

「我的天，你們說對了，」羅倫斯向總部大聲地喊道，「那條船失火了！」

羅倫斯是一個十分優秀的記者，正是他的這次粗心，使他錯過一個做獨家新聞的機會。細心是一種生活習慣，不是一時細心就能做成什麼大事，而是要一以貫之於我們的人生之中，這樣就會發現很多意想不到的機會。對於很多創業者來說，缺乏創業機會是他們最頭疼的事情。

可事實證明，正如「生活不是沒有美，而是缺少發現美的眼睛」一樣，所以只要你做一個細心的人，創業的機會是隨處可見的。

俗話說：「處處留心皆學問」，同樣的道理，在我們的人生中，只要留心機會亦處處有。只要注意生活中的細微之處，你就會發現機遇無處不在。只要自己精心經營，從細小的事情做起，一定能成功。

5．豐富自身閱歷，在機遇最常出沒的地方等它

閱歷是指一個人對社會、對生活中所發生的事的經歷及理解程度。人，每天都在經歷一些事情，每天都會對發生的事進行思考，通過長時間的積累，對一些事物的看法則會由淺入深，由表及裏，這時人們就會有自己的想法和看法。

經歷得越多閱歷則越豐富。閱歷不是簡單地從書本上就可以學來的，也不是靠刻苦能夠練就出來的。閱歷是人生活在這個社會上所必須具備的，有了豐富的閱歷你就能搶佔先機，就會如魚得水。而相反，閱歷匱乏的人，做起事情總會不知所措，甚至會因為

一些小事而一敗塗地。

所以，每個想在社會生活中獲得成功的人，都要修好人生閱歷這門功課。

臺灣經營之神王永慶先生的創業歷程，給我們留下了寶貴的啟示。

王永慶小的時候，只有十幾歲的他，就給人家做送米的學徒，後來通過自己的努力成了大老闆。這靠的是什麼呢？就是他豐富的人生閱歷，使他能夠預見到機遇的到來，從而領先於別人。那時候的他一邊在學習做事，一邊在細心地觀察和思考，這讓他擁有了豐富的人生閱歷，為他以後的成功打下了基礎。他送米的時候，先觀察這家有幾口人，男女老少分別幾人，每天大約吃多少米。等這家人米差不多吃完，還沒有顧得上去買時，王永慶已經把米送到這家人門口了。王永慶送來了米，並不是一丟下米袋，就收錢走人。他還會把米送到儲物間，把米缸裏剩下的舊米清出來，把新米倒進去，再把清理出來的舊米放在旁邊，提醒主人及時吃完。

王永慶這樣細心周到的服務，當然就讓這些客戶成了他的固定客戶，而不會再選其他家的米了。就是這份細心讓王永慶積累了豐富的人生閱歷。

很多時候，我們都是在憑著自己的經驗來作出選擇的。那麼，這個經驗就是閱歷。這種閱歷要靠人們有意識地，自覺地去積累。

讓我們再看一看這個下海經商只為豐富閱歷的官員的故事，或許能夠讓我們更好地體會到閱歷的重要。

周啟水下海經商不為賺錢，就是為了豐富人生經驗。周啟水曾任浙江省義烏市市長，研究生學歷，曾為義烏市的發展立下「汗馬功勞」。後來他辭職來到山東淄博「從商」。對於仕途無量的他，為什麼選擇下海經商，他的回答是辭官只為豐富閱歷。在他經商期間他成功地引資數億元，建起了一座現代化的大型商品集散基地——淄博義烏小商品城。

為了使經歷多一點，讓自己的人生更加豐富，過一種全新的具有挑戰性的生活，這種積極的生活態度讓人震撼。豐富的閱歷會讓人生變得主動，不再是被動地等待和接受。

人們常說，觀念決定思路，思路決定出路。人能做成什麼樣的大事，能達到一個什麼樣的高度，最終起決定作用的還是作為主體的人。有了豐富閱歷的人，就不再等待被動地接受機遇了，他們會比別人更加了解什麼是機遇，什麼樣的機遇對自己是有用的。這樣的人會在機遇最常出沒的地方等待機遇，從而占盡先機。

那麼，人生活在社會中都需要哪些閱歷呢？怎樣才能積累到這些閱歷呢？從人一生的發展歷程來看，一般人進入社會以後都要先做好自己的本職工作；在做好本職工作的基礎上，要結交一個龐大的人際關係圈；然後可能會開始參與管理事務；最後，更高的階段就是要管理和組織他人來完成各種任務。

做好本職工作是人生踏入社會的第一步。這時，不要斤斤計較待遇的高低，要認真地把基本功練好，發揮自己的特長，這樣才有進一步積累更多更高閱歷的機會。

結交人際關係的閱歷是為以後的人生拓展鋪平道路。會做人，才能做大事。社會中有些人收入地位並不高，但是其待人接物熱情大方，這樣的人在遇到困難時，一定會有很多人願意幫助他。平時不助人，急時難求人，就是這個道理。

管理事務和人的閱歷是一個綜合能力的積累。人是這世界上最複雜的動物，如何能讓各種能力的人為我所用，是這個階段最重要的積累。要從人品、能力、矛盾協調、利益平衡等多方面去觀察，留心積累。有了大家的支持和理解，才能更好地貫徹你的想法和決策。

羅馬城不是一天建成的，這些人生閱歷，也不是一天可以練成的。這需要人們不斷地積累進步，最終成為一個閱歷豐富的人。豐富的閱歷，是人生一筆無價的財富。有了豐富的閱歷，機遇自然會和你不期而遇。

6．發揮好習慣的力量

英國大哲學家培根說過：「習慣是人生的主宰，人們應該努力地追求好習慣。」

習慣是把雙刃劍，好習慣常常讓人受益終生，壞習慣往往使人深陷泥潭。習慣是一種頑強而巨大的力量，它可以直接影響一個人的命運。只要善用好習慣的力量，成功自然水到渠成。

習慣是在生活中長期形成的一種比較穩定的行為方式。好習慣的養成在於長年累月的積累，而不是一朝一夕就可以促成的。它往往起源於看似不經意的小事，卻蘊含了足以改變命運的巨大能量。

曾經有這樣一位非常富有但脾氣古怪的老紳士，想找一個男孩服侍他的飲食起居，幫他做事。他唯一的要求就是男孩必須誠實正直。老紳士最終從眾多的人中挑選了四個來參加最後的面試。老紳士提前準備了一間房子，要他們四個人一個一個地進去，只要在裏面的椅子上安靜地坐一會兒就行。

第一個進來的男孩看見桌子上擺放著一個罩子，他很好奇，不知道那是什麼，於是他掀起了罩子，沒有想到裏面的羽毛被氣流吹得滿房間都是，第一個男孩低著頭出來了。第二個男孩一進去就被一盤誘人的、熟透的櫻桃吸引了，禁不住就拿了一個最大的放進嘴裏，可是讓他想不到的是那櫻桃裏放了辣椒，他也只好灰溜溜地走出來。第三個呢，看到桌子上有個抽屜開了一點點，就想拉開那個抽屜，看看有什麼東西，結果剛把手放在抽屜的把手上，就響起一陣鈴聲……就這樣前三個男孩的面試都失敗了。

最後進入房間的男孩叫做哈里，只有他在房間的椅子上靜靜地坐了20分鐘，什麼也沒有動。半個小時後，老紳士微笑地點點頭，滿意地告訴哈里他被錄取了。老紳士問哈里：「屋裏那麼多新奇的東西，難道你不想動一下嗎？」

哈里很耿直地回答說：「不，先生。在沒有得到允許之前我是不會動的。」

後來，哈里一直服侍著老紳士，老人去世時留給他很大一筆遺產，從此他一直過著充實富裕的生活。

這個故事充分說明了一個重要的道理：好的習慣能改變我們的人生。一旦養成，便可終生受益。

一個人的知識、能力固然重要，但是好的習慣也往往能為你插上成功的翅膀，在不經意間助你一臂之力。而壞的習慣對人生也能產生致命的影響，壞習慣往往會在你離成功只有一步之遙的時候，讓你功虧一簣，從懸崖上重重地摔下。

有一家外資企業在進行招聘，競爭非常的激烈。一個學歷水準、外貌等客觀條件都很不錯的年輕人經過重重角逐進入了最後的面試。可是，讓誰也沒有想到的是，短短10分鐘，他就失敗了。原來，工作人員帶著這個年輕人來到總經理的辦公室進行最後的面試，總經理藉故離開了5分鐘。這個以為萬無一失，正得意非凡的年輕人，便圍著總經理的辦公桌，看看這個材料，翻翻那個資料。10分鐘後，總經理很嚴肅地走進了辦公室，他說：「面試已經結束了，很遺憾，你沒有被錄取，因為公司從來不錄取那些亂翻別人東西的人。」這個年輕人一下子呆在那裏，因為年輕人從小到大從來沒覺得亂翻別人的東西是不對的。

習慣是在長時間裏通過一點一滴逐漸養成的，一時之間也是不容易改變的。以相同的方式，一而再、再而三地從事相同的事情，不斷重複，已經在我們的生活之中形成了定式，想隱瞞都是很難的。故事中的這個年輕人，從小就有亂動別人東西的壞習慣，這對他已是無知無覺的一件事情了，壞習慣讓他的成功功虧一簣。

「播下你的良好行動，你就能取得良好的習慣；播下你的良好習慣，你就能擁有良好的性格；播下你的良好性格，你就能擁有良好的命運。」因此，我們應該有意識地養成好習慣。

英國哲學家洛克說：「習慣一旦養成之後，便用不著借助記憶，很容易很自然地就能發生作用了。」養成好的習慣，其受用就是一輩子的事情。把這些好的習慣發揮出來，成功自然是水到渠成的事了。

7．時刻清理自己的工具箱

人生像是一次漫長的旅行，旅行的快樂主要來自於兩個方面：第一，是看你的旅行目的地好不好玩；第二，是看你這旅途是否輕鬆。如果說第一個方面是我們所不能控制的，那麼第二個方面，旅途是否輕鬆就全在於你自己了。

人生的旅途要走得輕鬆，趕在前面，就要時刻記得清理一下你的旅行包，扔掉那些價值不大的東西，這樣輕裝上陣才能倍添旅行的快樂。

有甲、乙兩個朋友，他們都酷愛旅行。

每次臨行前，甲總要花一個下午的時間，收拾自己的行囊。他有一個帆布旅行包，很大，可扛，可背，可放在地上拖行。每次出門，他就像要在外過一輩子似的，把行囊裝得滿滿的。從內到外換洗的衣服，折疊雨傘，雨鞋，水杯，茶葉，備用藥品，必要的檔案資料，照相機，攝影機，當然，身分證和鈔票是少不了的。有時怕忘掉什麼，還要列一個清單，一一清點。總想讓自己的行囊有了萬全齊備。

而乙每次則只有一個隨身攜帶的小包包，輕便快捷，出門前，乙也要檢查好東西，但是他的檢查不同，他先了解旅遊地的情況，看看那周圍什麼東西隨處可見，什麼東西比較缺少，他只帶必需品和當地較缺少的東西。

出發後，一路上，甲背著笨重的行囊，像個移民，累得夠嗆。自己開車的時候還省些勁，如果乘火車、飛機，麻煩會更多。重重的行囊，讓他無心欣賞沿途的風景。而乙則提著小包包，輕鬆舒適，一路都很開心。一次乙對甲說：「你看你，弄個這麼大的包包像個逃難的，何苦呢？以後還是把你的行囊清理一下吧！」

仔細想想我們的旅行真的一定要背負那麼多的東面嗎？那些東西全值得背嗎？清理一下你的行囊。把不必要的、多餘的東西都扔掉。行囊輕了，旅途愉快了，辦事方便了，也會省卻許多煩惱。

在人生的道路上，我們的行囊也總是那麼沉重，名利、地位、財富、事業、親情、人際關係等，還有憂愁、煩惱、沮喪、惆悵、抑鬱、思念。如果在人生的路上，我們背著這麼多的東西上路怎麼能夠輕鬆快樂呢？人生猶如白駒過隙，我們要輕裝上陣快速前進，去追趕那些美好的東西，背著大大的行囊只會讓我們活得很累。

做同樣的事情，放鬆的心態和有壓力的心態，所達到的效果是完全不一樣的。

人們到底該怎麼清理行囊，清理些什麼呢？要得到一個放鬆的心態，可以先找出你的壓力所在。每天不妨練習做短暫的靜心，在靜心及專注中，找出壓力。

這時候你可以試著問自己這樣幾個問題：「我在煩惱什麼？」、「我所擔憂的事情是必要的嗎？」、「我能否少參與或涉入這些事情？」、「我要的是什麼？」當你把這些問題想明白的時候，你就清楚了你人生的目的，你自然知道什麼是你所需要的，什麼是沒有價值的而應該扔掉的。

人的生命是有限的，人的精力也是有限的，不扔掉那些對自己沒有價值的東西，你的生命和精力就會消耗在一些無謂的事情上，導致最終一事無成。不在某些方面失去一些東西，便不可能在另一方面取得進步。

有所得，就會有所失，世界上難有兩全齊美的事情。學會清理自己的工具箱，扔掉那些價值不大的東西，學會放棄，這正是人生的大智慧。

總之，放棄也意味著收穫；有得必有失，有失定有得；什麼都捨不得丟掉就什麼也得不到！學會放棄，清理掉你工具箱裏沒有價值的東西可以使你輕裝前進，在學業和事業上取得成功，這是登上人生輝煌峰巔的必經之路。

8．敢於放手一搏

電視劇《亮劍》在全國熱播，引起了強烈的反響。那種「面對強大的對手，明知不敵，也要毅然亮劍，即使倒下，也要成為一座山、一道嶺」的亮劍精神，讓很多觀眾看了熱血沸騰。

亮劍精神是一種敢於戰鬥、善於戰鬥的精神，是一種自強不息、主動出擊、鍥而不捨的行動力，是一種勇於負責、壓倒一切的霸氣。利益擺在眼前，不畏首畏尾，敢於放手一搏，這就是一個勝利者的姿態。

人的一生就如同在打一場持久戰，每天的工作中都有可能遇到想像不到的困難，這個時候如果你退卻了，就有可能失去機會，被淘汰出局。利益擺在眼前，只要有1％的希望，也要放手一搏。

放手一搏才會有希望，不去爭取，成功的機率就只能為零。

人生的道路不是一帆風順的，當機會出現在你面前，利益擺在你面前的時候，往往也並不是你完全具備了各種條件的時候。但要想抓住機會，實現利益，就要冒著風險，付出代價，這時候，考驗一個人的不僅是能力，更是勇氣。

有一年，秦國的30萬人馬包圍了趙國的巨鹿，趙王連夜向楚懷王求救。楚懷王派宋義為上將軍，項羽為次將，帶領20萬人馬去救趙國。誰知宋義聽說秦軍勢力強大，走到半路就停了下來，不再前進。軍中沒有糧食，士兵用蔬菜和雜豆煮了當飯吃，他也不管，只顧自己舉行宴會，大吃大喝。項羽看不下去，殺了宋義，自己當了「上將軍」，帶著部隊去救趙國。

項羽先派出一支部隊，切斷了秦軍運糧的道路；然後親自率領主力過漳河，解救巨鹿。

楚軍全部渡過漳河以後，項羽讓士兵們飽飽地吃了一頓飯，每人再帶三天乾糧，然後傳下命令：把渡河的船鑿穿沉入河裏，把做飯用的鍋砸個粉碎，所謂破釜沉舟。項羽用這種辦法來表示他有進無退、一定要奪取勝利的決心。

楚軍士兵見主帥的決心這麼大，士氣大振。在項羽的親自指揮下，他們以一當十，以十當百，拼死向秦軍衝殺過去，經過連續九次衝鋒，把秦軍打得大敗。這一仗不但解了巨鹿之圍，而且把秦軍打得欲振乏力，過了兩年，秦朝就滅亡了。

當機遇和利益擺在你的面前，你未必一定能抓到。我們不能要求每個人都成功，每個機會都被抓到。但是去不去抓，有沒有勇氣去抓，這就是你的問題了。我們的人生，不是缺少機遇，很多時候是我們缺少去挑戰機遇的勇氣。

「不想當將軍的士兵，不是好士兵。」人生是需要我們大膽地去設想的，然後，放手一搏，成功離你就不遠了。沒有人會告訴你未來是什麼樣子，只有靠你一點一點地去創造。

9．風險孕育著成功

「明知山有虎，偏向虎山行。」敢於冒險，敢作敢為，是成功者的一個重要特徵。而失敗的人要求永遠不犯錯，這其實正是什麼也做不成的原因。就好像一封信始終不寫，是因為還沒想到恰當的措辭，萬一永遠想不起來，不是永遠也寫不成了嗎？所以，如果是這樣的話，就需要改掉這種壞習慣。

一位社會學家曾精闢地將社會人群分為以下四類：

(1) **人像醫生**　他的大部分時間是用來對付已經發生的問題和當前棘手的難題，即所謂的頭痛醫頭、腳痛醫腳。此類人對尋求機會也不積極。

(2) **人像火車司機**　他只能在既定的軌道上定時定點定方向地行駛，他的最佳工作效果只不過是將指派的工作完成得盡善盡美。此類人對機會沒有強烈的反應。

(3) **人像農民**　他總是希望在有限的土地上取得最大的收益。這類人善於鑽營，不過他的活動區域只限於一定的範圍，缺乏冒險精神。

(4)人像漁夫 這類人最敢於冒風險，作業範圍廣，但不能保證一定有收穫。這類人是最積極地發掘機會和最敢於冒風險的人。

機會只屬於能夠積極發掘機會和敢於冒風險的人。「不入虎穴，焉得虎子」。如果風險小，許多人都會爭先恐後地追求這種機會；如果風險大，許多人就會望而卻步，甚至連想都不敢想，這是少數敢於冒風險者獲得最大利益的好時機。所以，也可以說，時機就是對人們所承擔的風險的相應補償。

當然冒險不等於莽撞，在冒險中需要有謹慎的態度。有了謹慎的態度，跌的跤肯定會少一些。當然，在複雜多變的現代社會，處處謹小慎微，過分謹慎，就像有的人，不敢去做前人未做過的事，不敢去攀登前人未曾攀登過的高峰，當然就無從體驗冒險的刺激與成功的喜悅，結果只能是永遠也不會有什麼作為。

歌德年輕時希望成為一個世界聞名的畫家，為此他一直沉溺於那變幻無窮的世界中而難以自拔。40歲那年，歌德遊歷義大利，看到了真正的造型藝術傑作後，他終於恍然大悟過來：放棄繪畫，轉攻文學。雖然他知道自己這樣做是一種冒險，但他認為自己已無退路。經過不斷地學習和摸索，歌德日後成為了一名偉大的詩人。

綜觀古今中外名人的成才史，大多數人都有過冒險的經歷，馬克思曾經是詩人、魯迅曾去日本學醫、安徒生曾是演員，但他們比常人高明的地方在於：他們不怕冒險，能及時地調整自己的方向。

從冒險到成功需要一個過程，甚至是一個痛苦的、付出了艱辛代價的探索過程。

歌德曾感慨道：「要發現自己多不容易，我差不多花了半生的光陰。」他又說：「這需要神智很大的清醒，它只有通過歡喜和苦痛，才學會什麼應該追求、和什麼應該避免。」

這裏不是堆砌故事，而實在是覺得，在我們身邊確實有不少人，他們被偏見與迷信的桎梏束縛著，他們盲目到不知自由，反而說別人不自由。冒險與危機具有深層次的關聯，危機就是危險之中蘊藏著機遇。常人的機遇，常人的成功，往往存在於危險之中。你想要美好的機遇嗎？你想要事業的成就，那就要敢冒風險，投身危險的境地，去探索、去創造，不要瞻前顧後，不要害怕失敗。

10．正確面對人生中的挫折

在人生這條漫長的旅途中，人們總難免會遭受到大大小小的挫折與失敗，沒有經歷過失敗的人生不是完整的人生。沒有流水的沖刷，便沒有鑽石的璀璨；沒有挫折的考驗，也便沒有不屈的人格。

巴爾扎克說：「挫折就像一塊石頭，讓你卻步不前，你軟它就硬，對於強者卻是墊腳石，使你站得更高。」如果你問一個善於溜冰的人是如何學會的，他會告訴你，跌倒了，爬起來！正確面對人生中的挫折，把失敗當做成長的肥料，這是成功者必須掌握的本領——因為挫折只是一個過程罷了。

臺灣著名畫家謝坤山，家境貧寒，很早就輟學了。12歲就到工地上打工，16歲因誤觸高壓電，失去了雙臂和一條腿，23歲又意外失去了一隻眼睛……而面對這樣一連串的打擊，他沒有抱怨命運的不公，為了不拖累家庭，他選擇了流浪，用打工來養活自己。一個只有一條腿和一隻眼的殘疾人，做出了這樣一個選擇，他為此付出了沉重的代價。一個沒有雙臂的人竟然成了著名的畫家，這在常人看來是無法想像的，他卻成功了，靠什麼？靠的是正視挫折，面對挫折以及對人生的樂觀態度，靠的是堅韌不拔的毅力！

很多人認為自己的運氣不好，沒有成功就是因為遇到了挫折。其實，這不是挫折的問題，而是他們自身的問題，他們缺乏必要的自信。反過來想一想，挫折不正是考驗人們的好方法嗎？所以，挫折在自卑的人面前是條永遠都跨不過去的深淵；在自信的人面前則是條可以輕鬆跨過的水溝。在日常的學習和工作中，要正視挫折，勇敢地面對挫折，然後去戰勝挫折，因為，在人生的路上，沒有人會是一帆風順的，沒有人會一次失敗也沒有經歷過。

不要輕言放棄，因為放棄了，就真的無法挽回地失敗了。世界上經歷過挫折的人很多，在這些人裏不放棄，堅持到底，最後取得成功的，美國總統亞伯拉罕・林肯無疑極具代表性。

一八三三年，23歲的林肯失業了，但他下定決心要當政治家，當州議員。糟糕的是，他競選失敗了。在一年裏遭受兩次打擊，這對他來說無疑是痛苦的。可是他沒有氣餒，接著著手自己開辦企業，可是一年不到，這家企業又倒閉了。在以後的十七年間，他不得不為償還企業倒閉時所欠的債務而到處奔波，歷經磨難。

隨後的日子裏，林肯再一次決定參加競選州議員，這次他成功了。他內心裏萌發了一絲希望，認為自己的生活有了轉機：「可能我可以成功了！」

一八三五年，26歲的他訂婚了。但離結婚的日子還差幾個月的時候，未婚妻不幸去世。這對他精神上的打擊實在太大了，他心力交瘁，數月臥床不起，得了精神衰弱症。

一八三八年，林肯29歲，他覺得身體漸漸恢復了，於是決定競選州議會議長，結果失敗了。一八四三年，他又參加競選美國國會議員，但這次仍然沒有成功。林肯沒有放棄，一八四六年，37歲的他又一次參加競選國會議員，最後終於當選了。

兩年任期很快過去了，他決定要爭取連任。他認為自己作為國會議員的表現是出色的，相信選民會繼續選舉他。但結果很遺憾，他落選了。因為這次競選他賠了一大筆錢，申請當本州的土地官員又失敗。

接連又是兩次失敗。在這種情況下，如果是你，你會堅持繼續努力嗎？你會不會說「我失敗了？」然而，林肯並沒有服輸。一八五四年，46歲的他競選參議員，失敗了；兩年後他競選美國副總統提名，結果被對手擊敗；又過了兩年，他再次競選參議員，還是失敗了。

林肯一直沒有放棄自己的追求。一八六〇年，52歲的他當選為美國總統。

在人生的道路上，我們不僅時時受到外界的壓力，而且還時時受到自身的挑戰。阻擋我們成功的最大「敵人」是我們自己。因此，我們要敢於做自己的對手，戰勝自己。挫折並不可怕，關鍵在於失敗後怎麼汲取教訓，改善求進。失敗是我們成長的肥料，成功的助推器。

大劇作家蕭伯納曾經寫道：「成功是經過許多次的大錯之後才得到的。」正因為有挫折，才有勇士與懦夫之分。巴爾扎克說：「挫折和不幸，是天才的進身之階；信徒的洗禮之水；能人的無價之寶；弱者的無底深淵。」

當面對挫折的時候，我們要對自己說：「永不放棄。」

總結經驗和教訓，收拾好行囊，繼續上路。因為挫折和失敗是通往成功的必經之路。「挫折」中不只含有悲傷，還含有成功的機遇。學會在挫折中學習，在失敗中進步，那麼對於成功，我們便可以很自信地說：「冬天來了，春天還會遠嗎？」

第五章

發揮你的性格優勢

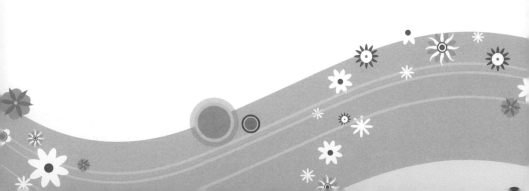

「性格決定命運」，這是一句被越來越多人接受的話。你擁有什麼樣的性格，會相應地決定你的人生軌跡。好的性格能促成你的成功，而壞的性格往往會在你成功的路上拖你的後腿，甚至直接導致你的失敗。

性格對人生極其重要。開朗的性格，讓你在面對挫折的時候，積極樂觀；自信的性格，會增加你在強大對手面前的勇氣；耐心會讓你戒驕戒躁；嚴謹會避免你的低級錯誤；謙遜會讓你得到別人的尊敬。有什麼樣的性格就決定了你將有什麼樣的人生。

年輕人，你是否了解你自己的性格呢？你是否對自己的性格滿意呢？你想不想擁有一個完美的性格呢？性格是在平時的積累和注意中培養出來的，如何發揮你的性格優勢，讓每一種性格激發你的潛能，在本章你將找到答案。

1．性格改變命運

有心理學家統計：一個人的成功85%歸於性格，15%歸於知識。要想取得事業的成功，性格是一個十分重要的因素。一個人性格的好壞在很大程度上對其事業成功與否、家庭生活幸福與否、人際關係良好與否起著決定性的作用。

性格決定人的命運。優良的性格品質是人才成長的最積極的因素，而不良的性格及至惡習則是成長中的破壞性力量。

二十世紀初，美國心理學家特爾曼和他的助手在25萬兒童中選拔了一千五百多名最聰明的孩子，測定他們的智商，調查他們的個性品質，一一記錄在案，然後進行長期的觀察和跟蹤研究，看看是不是聰明的孩子長大後都有成就。

跟蹤結果表明，他們的成就大不一樣。在這些跟蹤對象中，多數人在事業上都取得了不同程度的成功，成為專家、教授、學者、企業家或有各種專長的人，但也有罪犯、流浪漢、窮困潦倒者。

據分析，排除機遇等社會因素，失敗者幾乎都存在著某些不良的性格品質，有的意志薄弱，有的驕傲自滿，有的缺乏積極進取精神，有的孤僻而不善於處理人際關係。總之，這些人的失敗主要是因為非智力因素的欠缺。

性格是一個人非智力心理品質的核心，是一個人對生活的現實表現出的穩定的態度和習慣性的行為方式，是一個人區別於另一個人的獨特的心理特徵。世上沒有一帆風順的事業，沒有唾手可得的成就。在人生的旅途上，即使是算不上成就的小小收穫，也要付出相應的努力去爭取。在理想面前，只有那些性格堅強、樂觀、自信、刻苦、一往無前、勇於創造、不怕犧牲和耐得住寂寞的人，才有希望到達成功的彼岸。

人的性格與成才關係極大，所以，我們要建立起良好的性格，而不能放縱壞的性格。要在平時的一言一行中養成自己良好的言行舉止，處事辦事的風格。而不能放縱自己，任自己的壞性子自由發展，那樣後果將不堪設想。

項羽年少時便力能扛鼎，巨鹿一戰大挫秦軍主力，成為一代霸王。那麼，為什麼項羽會落得個自刎烏江的悲劇命運呢？可以毫不誇張地說，項羽的失敗就是他性格的悲劇。我們以「鴻門宴」為例，做簡要分析。

首先，項羽的悲劇性格表現為自矜功伐，自大虛榮。由於秦的主力是被項羽擊敗的，各路諸侯都聽命於他，承認他的「霸主」地位，這使得項羽自矜功伐的驕傲心理更為膨脹。在鴻門宴上，項羽聽出劉邦謙卑的口氣，以為劉邦非常尊重自己、無意與自己爭雄時，自大虛榮之心便得到了滿足，因而怒氣全消，不僅和盤托出告密人，而且設宴招待劉邦，以示和解友善之意。

其次，項羽的悲劇性格表現為缺乏原則性，過分仁慈軟弱。與劉邦對待告密者曹無傷「立誅殺」的果敢態度不同，項羽對待洩露軍機的項伯卻採取聽之任之、不予追究的寬容態度。再次，項羽的悲劇性格還表現為缺乏遠見，謀事不深，迂腐呆板。與劉邦入關之後為圖謀霸業而克制「貪於財貨，好美姬」之欲相比，與劉邦拉攏項伯、卑詞「謝罪」、在宴會上屈居下座而安之若素的能屈能伸的性格相比，項羽缺乏遠見、謀事不深的性格表現得十分明顯。

由於項羽的自矜功伐、自大虛榮、缺乏原則性、過分仁慈軟弱、缺乏遠見、迂腐呆板、謀事不深的性格，造成了他最終自刎烏江的悲劇。

性格決定你的人生，這句話是非常有道理的。在現今競爭如此激烈的社會，沒有堅定的意志，勤奮的精神，容忍的度量，足夠的耐性，要想成功那是很難的。所以，我們要建立起好的性格，而絕不能放縱壞的性格。有些人認為，性格是天生的，是我們無法改變的。其實這是非常錯誤的。

科學家經研究發現，性格是一個人在不斷的生活和學習中逐漸建立起來的，它是自我修養的結果。要想建立起富有魅力的性格，就必須在日常生活中處處留心，始終朝這個方向努力，從一點一滴做起。

2．自信．不要在成功者面前自慚形穢

「天生我才必有用，千金散盡還復來。」李白在他最落魄的時候以最飽滿的信心和激情寫下了這千古奇句。自信，是一種可貴的品質，是成功的重要保證。

一位哲人曾說過，「失去金錢的人損失甚少，失去健康的人損失極多，失去自信的人損失一切。」可見自信對人一生的發展起著基石性的支撐作用。自信的人，往往會不斷地對自己進行積極的心理暗示，時刻肯定自己，告訴自己「我辦得到」，這種狀態下

的人生，會一直保持向上的動力，會激發出自身最大的潛能，獲得意想不到的成功。在生活中，我們很多的失敗，往往不是缺乏才能，而是缺乏信心。

瘋狂英語的創始人李陽在回顧自己的創業過程時，用親身體會為我們詮釋了自信的巨大力量。李陽中學時學習成績不很理想，內心很自卑，不願意與別人交流。一九八六年，李陽在父母的幫助下，勉強考入蘭州大學工程力學系。進入大學後，他仍然是班上的火車尾，上大二的時候，有13門功課不及格，多次需要補考才能繼續上學，他自己內心裏感到丟人極了，連走路都不願抬起頭來。

後來，他覺悟到自己的人生如果一直被自卑的陰影所籠罩，將一輩子走不出失敗的泥潭。於是，他試著從自己喜歡的英語打開突破口，逐漸培養自己的自信心。他天天跑到校園空曠處去大聲喊英語，哪怕自己的單詞量再少，口音再不標準，他也強迫自己抬頭挺胸，聲情並茂旁若無人地大聲朗讀，並一直暗示自己一定能做得更好。

四個多月後，他發現自己可以複述10多本英文原版書，背熟了大量四級考題，聽說能力也突飛猛進。

快速進步再一次增強了他的自信心，他開始愈加瘋狂地學習英語。不管遇到再多的失敗和挫折，他都用前四個月的成績來激勵自己，不允許自己因為一絲一毫的自卑情緒而退卻。後來他考入廣東人民廣播電臺，成為廣東人民廣播電臺職業英語主持人，為之後的「瘋狂英語」席捲全國奠定了堅實的基礎。

大多數人總認為，別人的成功是因為擁有特殊的素質。其實不然，李陽說：「我25歲以前發過誓的事情沒有一件做到的。但是我今天的成就讓我自己都感到吃驚。所以我認為，自信心是最重要的。只有自己有勇氣面對才能常勝。」

我們不禁驚歎，自信與自卑的影響差別如此之大，竟然可以成為兩種人生的分水嶺。充滿自信的人，會從內心給自己一種極大的肯定，這種肯定會帶來強大的勇氣和精神動力，克服困難，戰勝挫折。這一點已經被德國著名精神學專家林德曼用親身實驗所證明。

林德曼認為，一個人只要對自己抱有信心，就能保持精神和肌體的健康。當時，德國舉國上下都在關注著獨舟橫渡大西洋的悲壯冒險，已經有一百多名勇士相繼駕舟均遭失敗，無人生還。林德曼推斷，這些遇難者首先並不是從肉體上敗下來，主要是死於精神崩潰、恐慌與絕望。為了驗證自己的觀點，他不顧親友的反對，親自進行了實驗。一九〇〇年7月，林德曼獨自駕著一葉小舟駛進了波濤洶湧的大西洋，他在進行一項歷史上從未有過的心理學實驗，預備付出的代價是自己的生命。

在航行中，林德曼博士遇到了難以想像的困難，多次瀕臨死亡，他眼前甚至出現了幻覺，運動感覺也處於麻木狀態，時有絕望之感。但只要這個念頭一升起，他馬上就大聲自責：「懦夫，你想重蹈覆轍，葬身此地嗎？不，我一定能成功！」終於，他勝利地渡過了大西洋。

林德曼冒著生命危險，向世人證明：做人只要對自己充滿自信心，就可能戰勝困難而獲得成功。人的生命就像是一個巧克力盒子，裏面裝滿了各種味道的巧克力，也許今天你品嘗到的是甘甜美味，明天出現在你嘴邊的卻是無盡的苦澀。只有堅持對自我的信心，才不會破滅人生的希望，才能在順境時憑風借力，展翅千里，在逆境中不斷追求，獲得最終的成功。

阿侖尼烏斯是瑞典科學家，作為物理化學的創始人，他在人類科學史上有著舉足輕重的地位。年輕時，他在瑞典科學院物理學家愛德龍德的指導下，進行了測定電解質導電率的研究工作。經過多年的努力，他得出了電離理論並把它告訴了母校的老師，結果卻遭到了老師無情的諷刺，認為他的理論純屬子虛烏有，毫無科學價值。

但這並沒有動搖阿倫尼烏斯的自信心。他繼續把測定結果寫成一篇博士論文寄給母校多普沙拉大學。由於該校學位評議委員的成員們不能理解論文的深刻意義，因而錯誤地評為四等。「四等」就意味著參加博士考試的失敗，但是，阿倫尼烏斯仍沒有絲毫的退卻和懷疑，他堅信自己的學術成果。

後來，他將這篇落選的博士論文和一封信，一起寄給德國加里工學院物理化學家奧斯特瓦爾德。奧斯特瓦爾德仔細閱讀了論文和來信後，連呼「真了不起」。一八四四年8月，他親自去瑞典訪問了阿倫尼烏斯，對那篇落選的論文給予了高度的評價，並代表加里工學院授予他博士學位。更令人驚喜的是，阿倫尼烏斯在此基礎上繼續努力，並於一九〇三年因這一成就獲得了諾貝爾獎！

阿倫尼烏斯充滿自信，不畏權威，堅持自我，勇於探索，最終問鼎輝煌。朋友，生活中你是否經常為自己其貌不揚或出身貧寒或技不如人而感到自慚形穢呢？無數的事例告訴我們，金無足赤，人無完人，每個人都存在這樣那樣的缺陷和不足。但同樣，每個人都存在自己的閃光點和擅長的方面。

聰明的人會不斷發現自己能做什麼，會做什麼，進而提升自己的信心，推動自己在愉悅的精神狀態中一直向前。愚蠢的人卻執拗於自己的短處，總是覺得自己不會做或做不好，久而久之，自己的人生便再也走不出這個自卑而陰暗的惡性循環。相信聰明的你一定會作出正確的選擇，昂首挺胸，告訴自己：「我可以做到！」

3．堅定．給自己征服艱難險阻的力量

古之立大事者，不唯有超世之才，亦必有堅韌不拔之志。人生在世，可能碰見風光旖旎的江河，潺潺流淌的小溪，更可能經歷湍流急下的飛瀑，汪洋肆虐的大海。面對艱難險阻的時候，你是勇於承擔還是自憐自歎？是堅持前進還是自怨自艾？是渴望超越還是自暴自棄？很多時候，命運的改變就在一瞬間。選擇堅強，就選擇了征服生命的力量，任何苦難都會在這份堅強面前敗下陣來，成為你人生中一筆寶貴的財富。

霍金，一個當代最傑出的理論物理學家，一個科學名義下的巨人……或許，他只是一個坐著輪椅，挑戰命運的勇士。剛過完21歲生日的霍金被確診患上了「盧伽雷氏症」，即運動神經細胞萎縮症。

大夫對他說，他的身體會越來越不聽使喚，只有心臟、肺和大腦還能運轉，到最後，心和肺也會失效。霍金被「宣判」只剩下兩年的生命。那是在一九六三年。起初，這種病惡化得相當迅速。這對霍金的打擊是可想而知的，他幾乎放棄了一切學習和研究，因為他認為自己不可能活到完成碩士論文的那一天。

可是後來，霍金遇到了一個美麗的女子，一份珍貴的愛情。為了承擔起對妻子和家庭的責任，他勇敢地選擇了堅強。他不顧病魔的折磨，開始發奮地讀書，夜以繼日地進行學術研究。

一九七〇年，在學術上聲譽日隆的霍金已無法自己走動，他開始使用輪椅。直到今天，他再也沒離開過它。永遠坐進輪椅的霍金，以超越常人的意志極其頑強地工作和生活著。一九九一年3月，霍金再一次坐輪椅回柏林公寓，過馬路時被汽車撞倒，左臂骨折，頭部縫了13針，但48小時後，他又回到了辦公室投入工作。

雖然身體的殘疾日益嚴重，霍金卻力圖像普通人一樣生活，完成自己所能做的任何事情。他甚至是活潑好動的——這聽來有點好笑，在他已經完全無法移動之後，他仍然堅持用唯一可以活動的手指驅動著輪椅在前往辦公室的路上「橫衝直撞」；在莫斯科的飯店中，他建議大家來跳舞，他在大廳裏轉動輪椅的身影真是一大奇景。當然，霍金也嘗到過「自由」行動的惡果，這位量子引力的大師級人物，多次在微弱的地球引力的作用下，跌下輪椅，幸運的是，每一次他都頑強地重新「站」起來。

一九八五年，霍金動了一次穿氣管手術，從此完全失去了說話的能力。他就是在這樣的情況下，極其艱難地寫出了著名的《時間簡史》，暢銷全球。

毫不誇張地說，是堅強的內心賦予了霍金戰勝病魔的希望和力量。風向不會永遠順著航行者的願望，任何人的人生道路都不可能是一帆風順，一路坦途的。當你在100次跌倒之後，能夠101次勇敢地站起來，這才是強者所為。

不要讓暫時的困頓與落魄冰冷了內心，不要讓短期的迷茫與失敗蒙蔽了雙眼，堅強的性格是我們強大的武器，能幫助我們撥開重重迷霧，披荊斬棘，高歌凱旋。

李・艾科卡的一生充滿著挫折與坎坷。工作一段時間後，他選擇了做推銷員，開始了他一生艱辛的經營生涯。

艾科卡努力工作，終於在福特公司獲得了晉升的機會。可是，好日子沒過多久，二十世紀50年代初期美國經濟的不景氣便影響到了福特公司。公司大批減員，艾科卡又重新做起了推銷員的工作。

後來，艾科卡憑著自己的努力，當上了費城地區的助理銷售經理。與公司共患難度過了幾年後，福特公司決定把主要精力放在汽車的安全設備上，艾科卡是這次改革的主要發起者。但是，這次艾科卡失敗了，他遭受了沉重的打擊。

失敗並沒有影響到艾科卡積極創新的精神，他愈挫愈勇，又組織開發了「野馬」車，創造了汽車銷售史上的奇蹟，艾科卡也因此被稱為「野馬」之父。

正當艾科卡在福特的業績越來越輝煌時，他受到了亨利・福特二世的排擠，被解雇了。不僅如此，由於受亨利的威脅，朋友們也不敢和他來往，這位汽車奇才和他的全家都陷入極大的痛苦之中。

但艾科卡並沒有向命運屈服，他決心再次尋找施展才華的機會，接受了瀕臨破產的克萊斯勒公司的聘請，擔任總裁。經過幾年的拼搏，克萊斯勒公司走出了困境，一年便盈利幾十億美元。

艾科卡在面對各種挫折時，總能勇敢面對，想盡辦法克服。就在一次次克服困難、一次次起死回生之後，他創造出了一個個「神話」，從而走到了人生的巔峰。

尼采告訴我們，沒有岩石的阻擋，哪能激起美麗的浪花。苦難是一把雙刃劍，他可以把弱者推向絕望的深淵，從此一蹶不振、一敗塗地，也可以激發強者的鬥志，賦予他常人難以企及的力量。

4．擔當．靠自己的雙手開創一片藍天

正如世界上找不出兩片相同的樹葉，世界上也不存在兩個完全相同的人，每個人都是一個獨特的個體，有自己獨立的思想和行為。任何人都不是別人的複製，更不是他人的附庸。常言道，用自己的汗水澆灌的稻穀最香甜。古時落魄書生即使衣不蔽體食不果

腹也不食嗟來之食，其精神至今讓人敬佩不已。依靠別人的施捨，我們永遠得不到愛和尊重，只有憑藉自己的力量來創造生活，改變命運，才能真正體會到生命的價值。用自己的雙手開創一片藍天，這是最精彩的生活宣言。

李澤楷是商業鉅子李嘉誠的次子，其得天獨厚的家庭背景一直為很多人所羨慕。然而，李澤楷一直在努力擺脫父親的影子。13歲時，李嘉誠把他送到美國加州讀書，希望他與同樣在美國讀書的哥哥李澤鉅有個照應。但李澤楷到了美國後就變卦了。他不但與兄長很少來往，還故意不用父親在銀行為他存放的生活費用，而是靠自己打工掙生活費。

李澤楷畢業後，沒有直接回到父親的公司，而是固執地前往加拿大的一家投資公司工作。後來他成為了公司最年輕的執行董事。在這幾年裏，他還一聲不響地把當年李嘉誠為他在銀行帳戶裏存的所有錢連同利息一起還給了父親。

一九九〇年，李澤楷的母親病逝，他回港奔喪時終於沒能拗過父親的規勸，勉強答應留在香港幫父親打理家族產業。一九九四年，一直不安於在父親庇護下生活的他做出了一個大膽的決定，憑藉自己出售衛星電視積累下的4億美元，成立了一家高科技公司——「盈科數碼」。自此，他正式與家族事業分道揚鑣。他誓言自己要在事業上超過父兄。此事也令李嘉誠感慨萬千，經常對外人說自己對這個兒子束手無策，「他14歲的時候，我就管不了他了！」

憑藉自己的努力，李澤楷的事業經營得風生水起，取得的成就不在其父之下。一九九四年，他被《時代》雜誌選為全球一百名新領袖之一。一九九八年，他再次獲選《時代》雜誌全球三十位科技界精英之一。

李澤楷在接受記者採訪時說：「不靠別人，永遠做獨立的自己。沒有這個信條，就沒有今天的電訊盈科。」

如果李澤楷選擇繼承家族的事業，也許，他的經商路會順利得多，強大的家庭背景，廣泛的人脈關係，成熟的運作模式，都會為他的事業鋪平道路。但是，這樣的選擇可能會使他終其一生都生活在父親的影子裏，香港商界可能只會多一個品學兼優的富二代，但是，絕對不會創造出今天這樣的商業神話。他勇敢地選擇了獨立，拋開所有的鋪墊，他憑藉著自己的智慧、辛勤和奮鬥創出了屬於自己的一片天地。

獨立的性格就是要做我們自己，人生最可怕的就是失去自我，把自己的生活變成別人的附庸，那樣就沒有意義了。用自己的雙手給自己創造一片藍天，那才是人生真正的意義所在。

獨立，是智慧的彰顯，只有不依附於別人的人，才能真正地做自己生活的主人，靠自己的雙手來拓寬生命的價值。獨立，是成熟的表現，獨立的個性能夠幫助我們為自己的行為負責，為自己的生命承擔，把握自己的人生羅盤，不因外界的力量而丟失掉前進的航向。也許獨立，意味著更多的艱辛和付出，但同時也意味著無盡的收穫與幸福。

當今的社會紛繁複雜，在各種思想和聲音中，如果你沒有一個獨立的性格，很可能就會隨波逐流。沒有什麼比擁有獨立的性格更重要的，因為只有這樣你才能實現自己的目標，才能真正地實現自己人生的價值。不要生活在權威的影子裏，不要依仗已有的力量，我們要通過我們自己的努力來為自己創造出一片藍天。

5・開朗・微笑地面對人生坎坷

當你開心的時候，你會微笑；當你成功的時候，你會微笑；那麼當你難過、委屈、無助甚至是絕望的時候，你是不是也能豁達樂觀，泰然處之，微笑著告訴別人：「沒事，我很好！」

無論遇到多大的打擊與困難，對著鏡中的自己笑一笑，鼓勵自己：一切都會好起來的。這時候，你的微笑便充滿了自信和力量。微笑像陽光一樣，可以驅散烏雲，把許多令人沮喪、失意的不良情緒一掃而光。在微笑後面有著堅實巨大的力量，那是一種對生活巨大的熱忱與信心。

高興的時候，也不必壓抑自己的感情，該笑時就笑，讓自己充滿信心，樂觀向上。

而遇到挫折時，微笑是成功的起點；遇到煩惱時，微笑是思想上的解脫。困難沒什麼大不了，就怕自己不敢面對；挫折也無所謂，就怕自己沒了信心。在生活中，艱難困苦、傷心憂鬱都在所難免，沒有人能隨隨便便成功，所以要把握生命裏的每一次感動，用真心的笑容，去迎接雨後的彩虹。

人生不可能沒有坎坷和失敗，成功的人都是從坎坷中走過來的。所以坎坷的人生不可怕，可怕的是沒有了微笑面對的勇氣。做生活的主人，不要坐在坎坷的面前唉聲歎氣而耗盡了自己，要學會微笑著用有限的生命來超越無限的自己。

美國一位哲學家曾經說過：「微笑對於一切痛苦都有著超然的力量，甚至能改變人的一生。」你的微笑不僅能帶給自己自信，更能給別人以鼓舞。

叢飛是深圳一個普通的歌手，一個沒有固定工作，30出頭的男人。但就是這個臉上始終帶笑的歌手，在十一年的時間裏，參加了四百多場義演，捐出了自己辛辛苦苦掙來的300萬元，資助了178名貧困學生。甚至當他成了一個病人，一個被診斷為「胃癌晚期」連醫療費也付不起的病人時，他依舊用微笑面對生活。叢飛還有另外一些光榮的頭銜：愛心大使、五星級義工、中國百名優秀志願者。

他說：「我為自己做的一切感到開心，看到幫助的人能夠開心，自己沒有什麼理由不微笑的。我覺得人生過得非常有意義，我要用自己的行動告訴大家，生活中無論遇到怎樣的坎坷，都要微笑著面對，就沒有什麼是可怕的了。」如果我們用微笑面對生活，生活也會用微笑面對我們。二〇〇六年，叢飛帶著他的微笑，永遠地離開了我們，但是他的微笑會永遠地感動和激勵著我們。

微笑像陽光，給大地帶來溫暖；微笑像雨露，滋潤著大地。微笑擁有和愛心一樣的魔力，可以使饑寒交迫的人感到人間的溫暖；可以使走入絕境的人重新看到生活的希望；可以使孤苦無依的人獲得心靈的慰藉；還可以使心靈枯萎的人獲得情感的撫慰。

俗話說得好，笑一笑，十年少。微笑的人是快樂的，微笑的面孔是年輕的！微笑猶如陽光揮灑大地的盎然，清風撫摸樹林的溫暖，夕陽燃燒天空的熾熱，浪花沖刷礁石的激情……

幸福的詮釋是微笑；快樂的意義是微笑；溫暖的真諦是微笑；挫折的鼓勵是微笑；堅強的象徵仍然是微笑。陽光雨露，鳥語花香，對於每個人都公平給予；歡樂喜悅，煩惱憂傷，卻屬於每一個人私有。生命總是美麗的，不是苦惱太多，只是我們不懂生活；不是幸福太少，只是我們不懂把握。面對生活，不論是失意還是坎坷；不論是烏雲密佈還是困難重重，都要選擇微笑面對。

6・耐心・心急吃不了熱豆腐

武王計畫伐紂，一日，遇到了姜子牙，向他請教什麼時候伐紂最好。姜子牙通過分析，認為紂王雖然昏庸，但商王朝的氣數未盡，應該耐心地等待，到商王朝氣數完全衰竭的時候再出兵，那樣就容易取得勝利。武王採納了姜子牙的意見，耐心地養精蓄銳、等待時機，一直等了15年。15年後，商王朝氣數殆盡，武王出兵伐紂，果然勢如破竹，大獲全勝。

耐心是成功的磨刀石，學會了等待時機，離「成功」也就不遠了。在機會沒有到來的時候，切不可急躁冒進，要有耐心等待，看準了機會之後再狠狠出擊。急躁往往反而適得其反，鑄成失敗。

在人生中，無論做什麼事情都是需要耐心的。如果做一件事情三分鐘熱度，淺嘗輒止，只會一事無成。任何冒進的心態都是要不得的。古人云：「欲速則不達」，忙中出亂，不但不能達到目的，反而會背道而馳，相去甚遠。

「千淘萬漉雖辛苦，吹盡黃沙始到金」，機會往往都是在峰迴路轉處，如果你沒有耐心堅持到這個轉彎的地方，你就永遠也等不到機會的出現。

少年張良常常出遊外地，訪賢求師。有一天，他散步走到一座橋旁邊，看見橋頭上坐著一位鬍子全白了的老人。

老人一條腿搭在另一條腿上，腳尖勾著鞋不停地晃動。張良覺得好笑，就多看了他幾眼，老人見張良瞧自己，忽然一抬腳，把鞋甩到橋下面去了。老人對張良說：「喂！你去，把我的鞋撿上來！」張良聽了，心裏很不高興。

可再一看，老人鬍子、頭髮都白了，又挺可憐他，就強忍住性子，把鞋撿了上來，送到老人跟前。誰知那老人又把腳往前一伸說：「你給我穿上。」張良還是耐住性子，蹲下來，替老人穿上了鞋。老人笑了笑，慢慢地站起來，什麼也沒說，大搖大擺地走了。張良望著老人的背影，覺得很奇怪。他剛轉身要走，老人又回來了，對他說：「你這個小傢伙不錯，我願意教你學點兒本事。五天以後的早晨，你在這兒等我。」張良連忙答應了。

第五天早晨，張良剛上橋，就見老人已經站在橋上了。老人生氣地說：「你怎麼能讓我老頭子等你呀？這樣可不行。要想學，再等五天吧！」又過了五天，張良一聽雞叫，就起身往橋上去，可老人又先到了。他只好認錯。老人瞪了他一眼說：「你要真想學，過五天再來。」說罷，拂袖而去。又到了第四天，晚上張良連覺也沒睡，半夜就到橋上等著了。過了一會兒，老人一步一步地走過來。張良迎上前去，見了禮。

老人高興地說：「年輕人要學本事，就得這樣啊！」老人從懷中取出一卷兵書，遞給張良說：「你好好讀這部書，將來必能成就大事業。」張良接過書，道了謝，還想再問些什麼，老人轉過身，頭也不回地快步走遠了。從此，張良專心致志地鑽研這部兵書，最終成了一位有名的軍事家。

張良能夠在老人很不客氣的情況下依然耐心地為他撿鞋，耐心為老人穿上；在三番五次之後，依然有耐心赴約。就正是這份耐心成就了張良的人生。

耐心不但是一種心態，一種心境，它更是一種能力。耐心可以令人保持冷靜，並做出理智的思考，在面臨壓力時，從容對待。人們常常會遇到很多很瑣碎、很細小的工作，如果沒有耐心，就不可能成功。

有一個小和尚擔任撞鐘一職，半年下來，覺得無聊之極，「做一天和尚撞一天鐘」而已。有一天，主持宣布調他到後院劈柴挑水，原因是他不能勝任撞鐘一職。小和尚很不服氣地問：「我撞的鐘難道不準時、不大聲？」

老主持耐心地告訴他：「你撞的鐘雖然很準時、也很大聲，但鐘聲空泛、疲軟，沒有感召力。鐘聲是要喚醒沉迷的眾生，因此，撞出的鐘聲不僅要洪亮，而且要圓潤、渾厚、深沉、悠遠。」

工作是由很多很平常的小事組成的。而且，每天都在簡單機械地不斷重複，很多人在這枯燥的過程中，耐不住寂寞，忍受不了這樣的單調，提早敗下陣來。而成功的人正是在這些看起來很平凡的崗位上，盡職盡責，耐心工作，在平凡中孕育著偉大的種子。甘於從小事開始，逐漸增長才幹，贏得認可、贏得幹大事的機會，日後才能幹大事。如果在工作中，我們沒有這樣的平常心態，沒有耐心去做好這樣的小事，就永遠也得不到做大事的機會，更談不上做成大事了。所謂「水滴石穿，繩鋸木斷」，要學會等待，堅持這一份耐心。

7．謙遜．不要因小成功而沾沾自喜

謙遜是一種美德。在現實生活中，我們會發現，越是見多識廣、才華橫溢的人，越是懂得謙遜。而那些取得一點小成績就目空一切的人，往往是「半桶水」。

謙遜是一個人修養的重要體現，也是一種待人處事的態度。所謂君子品行，謙謙之風。謙遜的人懂得山外有山，天外有天，因此，說話時會留有餘地，保持著一份低調；做事腳踏實地，不惜付出十二分的努力。

謙遜的人在取得成功時會告誡自己一山還比一山高，所以他們會不斷地充實自己，不斷學習，讓事業永不停息，不斷前進。而驕傲的人常常會滿足於一得之功、一孔之見，取得一點點成績就沾沾自喜，認為自己很了不起。試想，一個不思進取的人，還能進步嗎？

一代京劇大師梅蘭芳，不僅在京劇藝術上有很深的造詣，而且還是丹青妙手。他拜名畫家齊白石為師，虛心求教，總是執弟子之禮，經常為白石老人磨墨鋪紙，從不因自己的名聲而自傲。

有一次齊白石和梅蘭芳同到一位朋友家做客，白石老人先到，他布衣布鞋，其他賓朋皆社會名流，或西裝革履或長袍馬褂，齊白石顯得有些寒酸，不引人注意。不久，梅蘭芳到，主人高興相迎，其餘賓客也都蜂擁而上，紛紛同他握手。可梅蘭芳知道齊白石也來赴宴，便四下環顧，尋找老師。忽然，他看到了被冷落在一旁的白石老人，他就讓開別人伸過來的一隻隻的手，擠出人群向齊白石恭恭敬敬地叫了一聲「老師」，向他致意問安。

在座的人見狀很驚訝，齊白石深受感動。幾天後，齊白石特向梅蘭芳饋贈《雪中送炭圖》，並題詩道：「記得前朝享太平，布衣尊貴動公卿。如今淪落長安市，幸有梅郎識姓名。」

梅蘭芳不僅拜畫家為師，也拜普通人為師。他有一次在演出京劇《殺惜》時，在眾多的喝彩叫好聲中，他聽到有個老年觀眾說「不好」。

梅蘭芳來不及卸裝更衣就用專車把這位老人接到家中，恭恭敬敬地對老人說：「說我不好的人，是我的老師。先生說我不好，必有高見，定請賜教，學生決心亡羊補牢。」

老人指出：「閻惜姣上樓和下樓的臺步，按梨園規定，應是上七下八，博士為何八上八下？」梅蘭芳恍然大悟，連聲稱謝。

以後梅蘭芳經常請這位老先生觀看他演戲，請他指正。

古人云：「滿招損，謙受益。」謙虛使人進步，驕傲使人落後。正是這種謙遜的性格成就了梅蘭芳一代大師的美名。這種謙遜的性格不但讓我們看到了大師在藝術上的精益求精，更看到了其人格修養的高尚。

真正的謙虛，不是貶低自己，人云亦云，而是有自知之明，取長補短，從不足中求進取，從缺憾中求完善。謙遜會讓我們找到前進的目標和方向。泰戈爾說：「當我們大為謙卑的時候，便是我們最近於偉大的時候。」

我們的人生不一定會偉大，但是謙遜的性格會為我們贏得別人的尊重，會讓自己不被勝利沖昏頭腦，會在沉澱後，成就美麗的人生。

第六章

善待情感，品味愛情

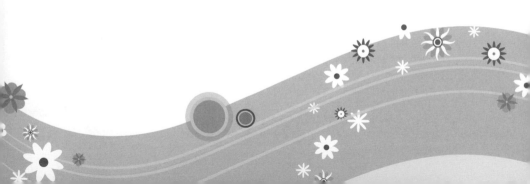

無論世事怎麼變遷，愛情仍然是最為古老最為美麗的故事！愛，絕對不是缺了就找，更不是累了就換。生活，才是愛情的目的，這裏的生活不是一個人好好活，是兩個人如何一起好好過。

只要我們多一份責任，多一份愛對方之心，多一份寬容對方之心，多承擔一份苦難，對生活多一點熱情，對感情多一點激情，對婚姻多一點寬容，少一些責難，少一些逃避。用心去經營愛情，我們就一定能和所愛的另一半「執子之手，與子偕老！」

人在年輕的時候往往正處於情感的波動期，感情豐富，又富於強烈的變化。那麼你是否真正懂得什麼是愛，你是否知道如何才能把握住愛？本章將告訴你，應該如何來對待感情，如何大膽合理地表達你的愛，讓愛為你的人生增添光彩。

1．品味愛情的真諦

愛是浪漫？愛是激情？愛是瘋狂？愛是新鮮？愛是刺激？細細想來，愛是一份牽掛，愛是一種責任。愛是清香四溢茶水中的一片葉子，淡淡的卻散發著餘味。愛是盪氣迴腸的音樂中的一個音符，輕輕彈奏出美妙的聲音。愛是你不經意中體會的溫馨，愛經歷時不覺得是愛，失去時才知道是愛。

愛情是一種不應計較回報的付出。如果希望自己的付出得到同樣的回報，那麼到最後得到的或許是苦澀的果實。因為彼此對回報的定義並不在統一的見解上。愛一個人，就是無條件的付出，哪怕最後落得傷痕累累，也不會感到後悔，這才是愛的最真表現；否則，充其量也只能算是喜歡。

愛情就是兩個人的相濡以沫，愛情就是兩個人的長相廝守，有愛的人會覺得一切都是甜蜜的。每天晨起時，能看見自己的愛人就在身邊，看著愛人忙忙碌碌的身影；能在有星星的夜裏，和愛人繾綣星光下，數數天上的點點繁星，細述心中的份份情誼，那就是一種幸福。雖然很簡單，但是很實在。愛情，就是當你生病時，愛人為你遞上的一杯開水、幾粒藥丸，還有充滿關懷與愛的眼神……

愛情就是彼此竭力的付出與承受，它們無微不至、無所不能，因此愛情也就是包容。當你發現你已經能夠容忍你的愛人的一切的時候，那說明你已經懂得愛、付出愛、承受愛、擁有愛。當然，包容並不等於縱容。包容是用心去擁抱愛情，而縱容只能令愛情陷於萬劫不復之地。

因此，愛情不會只是風平浪靜的相處，有愛的日子也會有磕磕絆絆、吵吵鬧鬧，而我們就在這些磕磕絆絆中修補我們的愛情，我們就在這些吵吵鬧鬧中看到彼此的不足，然後不斷修補愛情的漏洞，能走過磕磕絆絆的愛情就能堅持到最後。

我們或許可以把愛情比作一瓶酒，愛情這酒必須有它的烈度，這就是轟轟烈烈的愛恨交集。但是，太烈的酒喝多了會傷身體；同樣，愛情不是轟轟烈烈後就完事，它需要持之以恆，所以愛情的濃度更令人心醉，如酒，越陳越香，越陳越耐喝。

愛情就是一種牽掛，當你遠行時，在異鄉窗前的明月下，你會思念遠在他方的愛人，你會默默為他祈禱，「但願人長久，千里共嬋娟。」

愛情就是四海漂泊的人兒，在一個陌生的城市中找到一個能夠寄託終生的愛人，然後在這個城市停駐下來，落地生根……愛情就是這樣的有所依託。

如果用再多的話語都闡釋不了愛情，那麼，就讓我們把愛情歸結為在冬夜裏愛人給你遞上的一杯熱咖啡、春暖花開時彼此相視的那種滿滿的笑意，自在，而且自得。

愛情是甜蜜和苦澀的混合體，就好像多彩的顏色是由紅、黃、藍三色變化而成。從另外一個角度來看愛情是一種容易變質的東西。它很難經得起時間、空間的考驗。愛情路上的失意者會告訴你一個不爭的事實：千萬不要隨意用時間或空間來考驗你的愛情。

愛一個人，要了解，也要開解；要道歉，也要道謝；要認錯，也要改錯；要體貼，也要體諒；是接受，而不是忍受；是寬容，而不是縱容；是支持，而不是支配；是慰問，而不是質問；是傾訴，而不是控訴；是難忘，而不是遺忘；是彼此交流，而不是凡事交代；是為對方默默祈求，而不是向對方諸多要求；可以浪漫，但不要浪費；可以隨時牽手，但不要隨便分手。如果你都做到了，即使你不再愛一個人，也只有懷念，而不會懷恨。

2・衡量完美愛情的標準

柏拉圖問老師蘇格拉底什麼是愛情。蘇格拉底叫他到麥田走一次，要不回頭地走，在途中要摘一株最大最好的麥穗，但只可以摘一次。柏拉圖覺得很容易。充滿信心地出去，誰知過了半天他仍沒有回來。最後，他兩手空空地出現在老師眼前，垂頭喪氣地說：「很難得看見一株看似不錯的，卻不知道是不是最好。因為只可以摘一株，不得已只好放棄，再接著看有沒有更好的。到發現已經走到盡頭時，才發覺手上一株麥穗也沒有。」

蘇格拉底回答說：「這就是愛情！」

柏拉圖又問老師蘇格拉底什麼是婚姻，蘇格拉底叫他到樹林走一次，要不回頭地走，在途中要取一棵最好、最適合用來當聖誕樹的樹材，但只可以取一次。柏拉圖有了上回的教訓，充滿信心地出去，半天之後，他一身疲憊地拖回一棵看起來直挺、翠綠，卻有點稀疏的杉樹。

蘇格拉底問他：「這就是最好的樹材嗎？」

柏拉圖回答老師：「因為只可以取一棵，好不容易看見一棵看似不錯的樹，又發覺時間、體力已經快不夠用了，也不管是不是最好的，就拿回來了。」

這時，蘇格拉底告訴他：「這就是婚姻！」

在人與他人的關係中，最微妙的就是人與自己生命中的伴侶的關係，有人說婚姻不等於愛情，所以有的人重愛情不重婚姻，有的人重婚姻而不重愛情，當然，更多的人想婚姻和愛情兼得。

在實際生活中，愛情和婚姻本身是不同的兩件事。愛情是可遇不可求的，婚姻是實實在在的生活；愛情是人生美好的追求，婚姻是生活的落實；愛情讓一個人變得豐富，婚姻讓人變得強大。

愛情是感性的，它來自於人的主觀創造，是兩個人之間的事情，情至濃時，任何外力都無法干擾。婚姻是理性的，它來源於現實生活，是一種社會的共同行為，必然要接受社會的價值評判。愛情是超世俗的，它可以拋棄一切世俗化的限制，但當欲步入婚姻時，許許多多的世俗條件就隨之而來了。

甜蜜的愛情許多人都體驗到了，而婚姻美滿卻是每對新人極力追求的，但結果如何呢？其實，婚姻的理想境界不是「美滿」而是「適應」，就是男人與女人在一起相互適應，比如她包容他的懶惰，他適應她的嘮叨。能達到這種境界也就洞悉了婚姻的基本奧祕了。

遺憾的是，人們總是一味地追求婚姻的「美滿」，而把「適應」視為平庸，於是婚姻往往就顯得不堪重負了，甚至在歎息中結束。

關於愛情，大部分的人傾向於同意一種說法：「婚前，要把雙眼都睜開；婚後，則要睜一隻眼、閉一隻眼。」到底要睜開幾隻眼，才能把愛情看個清楚？抑或是：不論你睜開幾隻眼，愛情，總有它的模糊地帶。

不論在戀愛的哪一個階段，誰能夠用不同的標準來和同一個人相處呢？

如果，你深愛一個人，卻覺得必須依照和他生活的不同階段，改變對他的要求標準，才可以和平而快樂地相處下去。那麼，你應該想一想：這個「要求」是否恰當，而不是考慮在「標準」的高低上有所取捨。

要求對方專心聽你講話，要求知道對方的行蹤，這些都是「要求」。如果有問題的話，應該是這個「要求」恰不恰當的問題，而不是標準高低的問題。

你無法以分鐘為單位來計算對方聽你說話時專心的程度；也不能以小時為單位來衡量報告行蹤的頻率是否足夠令你放心。這樣的斤斤計較，毋寧是太累人的事。

很多相處上的事情，如果能放掉所謂的「標準」，容忍愛情有一些灰色地帶，雙方的包袱將會減輕很多。對那些耳聰目明的人來說，刻意要「視而不見」，的確是件很不容易的事。但是，不能否認的是：愛情，到最後常常是屬於那些大智若愚的人。

3．捕捉愛情物語

有一些青年男女在談戀愛時，生怕被對方瞧不起，看作輕浮，始終強抑情感，表現得過分矜持、拘謹，甚至膽怯。長期停留在「非禮勿動」的階段，那是道學家的戀愛模式，易使對方產生誤會，感到失望。

愛情心理學的研究表明，當一方對另一方產生愛慕之心以後，總希望讓自身的形象引起對方的注意，因此總惦記著尋找機會把自己顯現在對方的視野中，但是由於自尊、害羞以及社會評價等因素的制約，向對方顯示自己時表現得比較謹慎，又不願讓對方發覺自己是故意這樣的，因而往往裝出「無意」、「偶然」的樣子作為掩飾。

這樣的人總認為，真正的愛情靠「緣分」，不用爭取。兩個人走到一起，都是上天安排好的，所以「緣分天注定」，只要等待「緣分」的到來，愛情自然就會來。於是，進入戀愛年齡階段的青年男女靠「等待」與緣分相遇，而戀愛失敗的人們也抱著「等待」下一個人的出現的心態，而不去創造與人結識的條件和機遇。殊不知，就在一個又一個這樣的等待中，有多少機會白白流走，他們錯過了多少個「有緣人」。

正所謂「戀愛是談出來的」，這就需要給愛情創造可談的條件和機會，真愛需要你主動去尋找，主動創造，而不是坐等其成。只有兩個人互相了解對方的志向、興趣、個性、品格，才能撞出愛的火花來。

當你對他（她）已經產生了愛慕之情，並覺察到對方也有心時，就應該及早鼓起勇氣，大膽而巧妙地向對方表露心意，這是戀愛交往中的關鍵。有的青年男女彼此早已鍾情，只因遲遲沒有公開表白，使對方長期不敢肯定你的真情，一旦節外生枝，便會抱憾終生。

的確，愛的表達方式非常重要，那麼，怎樣才能使你發出的愛的資訊一下抓住對方而不至掃興而歸呢？

一、製造懸念式表白

馬克思在向燕妮表白愛情時，就是成功使用這種方法的典範。他對燕妮說：「燕妮，我已經愛上一個人，決定向她表白愛情。」燕妮心裏一直愛戀著馬克思，此時不由一愣，急切地問：「你真愛她嗎？」「愛她，她是我遇見過的姑娘中最好的一個，我將永遠從心底愛她！」燕妮強忍感情，平靜地說：「祝你幸福！」馬克思風趣地說：「我身邊還帶著她的照片哩，你想看看嗎？」說著遞給燕妮一個精緻的小匣子，燕妮惴惴不安地打開後，看到的是一面小鏡子，鏡子裏的「照片」正是燕妮本人。

馬克思有意在燕妮大海一樣的深情中掀起波浪——製造緊張局勢，讓深愛著他的燕妮在驚訝中誤以為他另有所愛，當他察覺出燕妮因失去自己而顯出痛楚、失落的神情時，又及時誘導她解開懸念，打開裝「照片」的匣子，鏡中人就是自己。一場虛驚恰恰表現了馬克思表達愛情的獨特方式。

當青年男女按自願的感情發展到目標確定、情意執著的時候，先製造一個懸念，有意在對方的心中樹立一個無形的「橫刀奪愛」的「第三者」，造成一種欲愛不成、欲割難捨的緊張、矛盾心態，然後，突然使對方恍然大悟，實現愛的轉折，將愛情推向一個新的深度。

二、寓物言情式表白

一位女孩結識了一位男孩，那男孩對她印象很好，在以後的接觸中，彼此生發愛意，但始終都沒有勇氣向對方表白。後來，她的姐姐給出了一條妙計：準備了三張精美的卡片，在男孩生日那天親手贈予。第一張卡片的畫面是一位紅衣少女，俏皮地捏著自己的鼻子，卡片上寫著：「請記住我！」第二張是樸素的畫面，霞光把湖水映成一片橘紅，題有兩行小字「如果從開始就是一種錯誤，那麼為什麼，為什麼會錯得這樣美麗？」第三張少女月下撫琴，寫著：「好想你！」

雙方心跡都已清楚，但怯於直言不諱地向對方表達，可以選擇一件寓意深長的小禮物送給對方，表達自己的愛慕，這會在含蓄的基礎上，平添一種浪漫情調。當心上人的小禮物忽然而至，接受者的想像力便縱橫馳騁，於是「奇蹟」就會出現。這種表達愛情的方式不僅別出心裁，準確有趣，更富有浪漫的情調，任何一個被丘比特箭射中的人都會欣然接受的。

三、委婉含蓄式表白

有一位年輕人在參加散文大獎賽中獲了頭等獎，獲得了一台微波爐。他把這個消息告訴心上人時，說：「我終於有了自己的微波爐，是得了散文大賽頭等獎的獎品哩！」姑娘也興奮地說：「好厲害哦！」「這樣慶賀太沒勁了，咱們搞個家宴，怎麼樣？」年輕人提議。「可以呀！」「可是我不會做菜，沒有主人操作，怎麼辦？」年輕人顯得為難起來。「我可以試試呀！」姑娘毛遂自薦。「那敢情好，我如果能經常吃到你做的菜，那該多好啊！」「只要你不嫌我做得蹩腳，我答應你就是了！」

年輕人用獎品作話題，以做飯為主線，繞了一個大圈子，終於巧妙地將彼此的談話導入表情達意的「正常軌道」，彷彿是在不經意之間，就敲定了一樁婚姻。

如果你的心上人的文化素質與領悟能力比較強，可以不顯山不露水，把你的情感若隱若現地包孕在彼此的談話中，使他（她）有曲徑通幽之感，倍覺愛情有神祕與甜蜜，很有意境。

四、直抒胸臆式表白

列寧向克魯普斯卡婭求愛時，就直截了當地說：「請你做我的妻子吧！」而一直愛慕列寧的克魯普斯卡婭，也回答得十分乾脆：「有什麼辦法呢，那就做你的妻子吧！」

列寧的真愛言簡意明感情誠摯，給人以難以拒絕的力量；同時，也讓克魯普斯卡婭清清楚楚地看到一個忠誠的心靈世界，從而很容易使雙方激起愛的漣漪。

有些人表達愛情十分簡明、直率、不虛偽造作，大膽而毫無保留地向對方傾吐自己的感情，宛如那潺潺的小溪，汩汩而流。一般而言，對性情直率、表達思想感情喜歡開門見山的人宜採用此法。顯然，對於交往比較深，有一定的感情基礎，或者兩人已經暗地互相傾慕，只需「捅破那層紙」的雙方來說，直抒胸臆表達愛情很省力，也別有一番趣味。

五、詼諧幽默式表白

黎夫陪筱卉到街上買東西，他為了在筱卉面前玩瀟灑，顯「派」而取悅於她，對售貨員指東喝西，最終一件東西也沒買，為此惹怒了售貨員，雙方唇槍舌劍。當黎夫顯然處於無理的劣勢之時，筱卉站出來從中周旋，為他挽回面子。黎夫很感動地對她說：「人們常說『英雄救美人』，今日倒好，成了『美人救狗熊』，我真該好好感謝你才是啊！」筱卉止住笑俏皮地追問：「好啊，看你怎麼謝我呀？」「我送你一件最珍貴而稀有的禮物，不知你喜不喜歡？」黎夫顯然已成竹在胸，獻殷勤地調侃。「說出來看看吧！」「我把我自己贈送給你，接受不接受哇？」

黎夫巧妙地拿自己幽默自己，已使筱卉充分感受到了他的風趣睿智。最後，他通過擬物法把自己作為酬謝禮品送給心上人，還煞有介事地問筱卉喜歡不喜歡，其實是試探她願不願接納他對他的愛情。無論筱卉怎麼回答，彼此在這種忍俊不禁、情懷愉悅的氛圍中都不會有什麼不快。將神聖的愛情寓於俏皮逗趣的說笑中，讓對方不知不覺地體會你的心思，你在「幽」對方一「默」的情態中完成一次「試探」，既不顯得羞怯，又不會出現難堪的場面。

六、畫龍點睛式表白

劍鳴只差一步之遙就可能獲取阿佳的芳心，可阿佳近來對他表現出了不友好的神情。劍鳴著實亂了方寸，百思不解。情人節這天，本想買束花送給阿佳，可花市告罄，於是他直奔鄉下花圃。入夜，當他抱著一大捧鮮豔的紅玫瑰正要獻給在公園門口等自己的阿佳時，被一群囊中有錢，手上無花的俊男倩女攔住，出20元買兩束，劍鳴靈機一動，不無得意地大聲說：「按說，我有這些『鮮花』，賣你們兩束也可以，可是，這是我特意從花圃採來獻給我的天使的，花兒代表我的心，此花今晚只屬阿佳一人！」阿佳頓時陶醉在一片羨慕聲中。

彼此心有期許，往往又飄忽不定，猶豫不決，愛戀的一方借助某種氛圍和物質的烘托，將愛情推向「白熱化」。劍鳴通過贈花將他對心上人的情感，在大庭廣眾之下進行渲染，既表現了他對阿佳愛情的赤膽忠心，又使阿佳在大家面前風光了一回，自尊心得到了最大的滿足。

七、借題發揮式表白

翎向菲討還他新買回而自己尚未看的一本書，菲深情地對翎說：「我借別人的書，總是很快就會讀完，而唯有你借給我的這本書，怎麼也讀不完，可能要讀一輩子，你是願意伴我讀完呢？還是讓我割捨不讀呢？」結果可想而知。

巧妙地將情感蘊含在並不直露的言語中，借用某一事物或人物等形式，小題大做，把綿綿之情傳遞給對方，發展彼此的關係，就利用雙方的共同愛好，經常交換、推薦好書讀。在這一借一還、借借還還之中，愛情的種子就發芽了。

向心上人表達愛情，是一種最甜蜜、最傷神、最微妙的情感活動。在表達愛情的過程中，把握好性別角色、情感濃度，發揚大膽主動、鍥而不舍的精神，一定能擁有甜蜜永久的愛情。

4. 感受愛情的溫度

一位詩人寫過這樣的詩，大意是這樣：「我們兩人都是泥塑的，將你打碎，將我打碎，再用水調和，再塑一個你，再塑一個我。你泥中有我泥，我泥中有你泥。」戀愛的雙方，當然要你中有我，我中有你，但這並不意味著你就是我，我就是你。

你中有我，我中有你，你不是我，我也不是你，所以，戀人們要學會留一方綠洲，不僅給自己，也要給對方。有了愛，亦應保持獨立的人格。愛情，只能產生於兩個獨立人格的男女之間。

有的年輕人一旦陷入熱戀的過程中，就會找不到「自己」。他（她）們的眼中只有戀人，為了戀人可以不顧一切。為了迎合戀人的需要而改變自己的想法，為了讓戀人快樂而捨棄自己一切的事情，他（她）們的頭腦中只有一個意念：只要戀人高興，讓我怎樣都行。其實，這樣的戀愛方式是錯誤的。

愛情，特別是現代愛情，在人格上應是獨立的。如果用掩飾甚至泯滅自己的個性來迎合對方，實際上是抹去了愛的魅力。

愛情的價值在於幫助對方提高，同時也提高自己。這樣，才會贏得更甜蜜、更牢固的愛情和更充實的人生。留一方綠洲給愛人，千萬不要讓熱戀只剩下熱戀。

愛情與許多的東西息息相關，愛情需要很多的因素，如果一味地把自己的空間都給了愛情，整個人沉湎於愛河之中，那麼隨著諸多相關因素的消失，愛情注定會像魯迅先生在《傷逝》一書中說得那樣，無所依附。

愛情不可能獨立地存在，它只是人生的一部分，而不是全部。所以，戀人也不能一頭栽進愛河，便洗得全身都是愛的細胞，眼中沒了一切，只有戀人和愛情。愛情，一定要有所依附。

心理距離有間要優於無間，要學著將無間調為有間。製造一種新的心理距離，顯得尤為重要，要不斷獲取一種對戀人來說是新鮮、陌生的東西，重新拾起原來的興趣愛好，即使廝守在一起，也可以有一些彼此分開的活動。

與戀人相處，要給自己留塊綠洲，要在上面耕耘出更豐富、更深刻的東西，使戀人對你更加依戀，這樣感情才會注入新的活力。戀愛，還要給愛人一個空間，一片綠洲，那片土地是專屬你的戀人的，他在那裏怎麼描繪，怎麼耕耘，那是他自己的事，未經允許，不能擅自入內。

由於各種各樣的原因，戀人常常會有或多或少不願旁人觸及的祕密，所以給戀人一方祕密的綠洲，會使愛情更朦朧、含蓄，變得婉約、細膩而令人回味，而且還會充分顯示你豁達寬廣的胸襟。

5．善待愛情的痛

一位朋友經人介紹認識了一位女友，兩人墜入愛河。誰知他這位女友這山望著那山高，不久又結識了一位富家子弟。由於對方的甜言蜜語很會討好女人，再加上家境超過她過去的男友，於是，她向這位朋友提出分手。

這位朋友正沉醉在愛情的甜蜜與幸福中，聽到這一消息後，頓時如雷轟頂。很長一段時間裏，他整天異常苦悶，徹夜失眠。為了使自己儘快從痛苦中解脫出來，這位朋友把全部精力都傾注在了事業上，不久即小有成就。

正在這時，他以前的那位女友突然找到他，痛哭流涕地要求恢復關係。原來，她與那位富家男友分手了。想起與過去的男友相處的那些幸福時光，這位女友追悔莫及。經再三考慮後，決定向舊友說明一切，並懇求對方的諒解。

正所謂舊情難捨，但考慮到周圍人的閒言碎語，該不該吃「回頭草」，這位朋友猶豫起來。不少人勸他與女友斷絕往來，「好馬不吃回頭草」「天涯何處無芳草」。然而這位朋友是講義氣重感情的人，他想起自己過去與女友相處的時光，女友身上的諸多優點，女友在自己面前流下的後悔的眼淚，最後，他毅然決定與女友重續前緣。

「好馬不吃回頭草」，這句話不知使多少人失掉了眾多機會。絕大多數人在面臨該不該回頭時，往往意氣用事，忍受不了閒言碎語，拋不開面子問題，認為「吃回頭草」很沒面子，不是大丈夫應該做的事。其實，這是一種沒有勇氣和膽量的弱勢思維。

「好馬也吃回頭草」，在處理情感問題上，這種態度反映了一個人的寬容和諒解。意氣用事在對待朋友上是要吃大虧的。因一時的衝動和魯莽而輕率地拒絕朋友，是不成熟的，這樣就降低了友誼的分量。友情重在牢固和長久，交情深的朋友不會意氣用事。在與朋友的交往中，朋友的行為可能惹怒了你，可能讓你覺得對方不夠朋友，但不管怎麼說，畢竟彼此之間的感情還是存在的。

愛情和婚姻需要寬容和諒解。家庭生活夫妻之間最重要的是要寬容、尊重、信任和真誠，即使對方做錯了什麼，只要心是真誠的，就要重過程重動機而輕結果，夫妻的恩愛、寬容是善待婚姻的最好的方式。愛是一門藝術，寬容是愛的精髓。

相愛本來就是互相磨合體諒的過程，尤其對自己的愛人，又有什麼不能讓的呢？可能大多數男士都希望找一個溫柔、聽話的女友。其實，任性一點的女孩子更有風情，更嫵媚。女孩子最鍾情的是被寵、被包圍的感覺，尤其是在鬧彆扭的時候，她們的這種天性更是顯露無遺。如果這個時候你還要負氣地裝「酷」，發狠似地和她比矜持，賽耐力，那麼，等她真的被你酷「斃」了，你就會知道自己當初有多麼的不應該。

女孩如花，是需要男孩用心澆灌的，鬧情緒，正是體現你愛心的時候，你不讓她誰讓她？女孩最需要的是男友愛的滋潤。更何況，現在她還只是你的女友，你忍耐到娶得美人歸的時候，有的是機會教導她。只怕到時候，她給你的萬千柔情會徹底軟化你的鋼牙利爪。

兩個人鬧了矛盾後，作為男人就應該大度一點，不妨讓著。這樣有兩個好處：一是能緩解當時劍拔弩張的氣氛，二是能給雙方一個臺階下。如果雙方都不讓，兩個人都僵著，小矛盾就可能演變為大矛盾。戀愛中的女孩都希望被寵著哄著護著，你讓著她，她的虛榮心得到了滿足自然會破涕為笑。所以男士們，當你和女友鬧矛盾時，不妨讓著她，裝作厚臉皮的樣子，就讓女友的花拳繡腿在你的背上來上幾下，多半一場矛盾就這樣化解了，讓的目的也就達到了。

舌頭和牙齒也免不了偶爾的「交鋒」，兩個活生生的人在一起自然會有些小矛盾。

男人就該有海洋一般的胸懷，而女人生來就是讓人疼、讓人哄的。愛她就該讓著她，同心愛的人兒在生活瑣事上鬧點小矛盾，怎能忍心讓她不高興呢？不過，如果是在一些原則性的問題上有分歧，那就要另當別論了。

6．把握愛情的度

當兩人相愛時，男女雙方都會想出一些形形色色的招法，來考驗對彼此愛的程度。愛情需要檢驗，但是要掌握一個「度」，超過了這個「度」，愛情就成了一種折磨，一種痛苦。

臨街的陽臺，站著一位妙齡女郎。似水的明眸，如雲的秀髮，被吸引的路人禁不住抬頭，看上兩眼。一位雅士途經此處，他被女郎的美貌攝去了魂魄，便與她搭訕，向她示愛。

「如果你喜歡的話，請在陽臺底下等上100天，到時我自會下樓會你。」

只有一天就到期了。女郎輕挑窗簾，偷窺三個多月都紋絲不動坐在那裏的雅士。她驚奇地發現，那個「忠誠的騎士」緩緩地直起身，夾起椅子，若無其事地走了。女郎頓時昏倒。

99天！雅士欠缺的看來不是耐心，而是他恰如其分地表達了自己的愛，又恰如其分地保留了自己的尊嚴。

如果愛情中沒有尊重，沒有理解，就不會擁有天長地久。如果不懂得珍惜已擁有的愛情，也將無幸福可言。只有懂得尊重、理解和包容的人才配有愛，懂得珍惜和擁有的人才配有完美的愛情。

有一對情侶，相約下班後去用餐、逛街，可是女孩卻因為公司會議延誤了，當她冒雨趕到的時候已經遲到了30多分鐘，她男朋友很不高興地說：「你每次都這樣，現在我什麼心情也沒了，我以後再也不會等你了！」剎那間，女孩的心決堤崩潰了，她在想：或許，他們再也沒有未來了。

同樣，在同一個地點，另一對情侶也面臨著同樣的處境，女孩趕到的時候也遲到了半個鐘頭，她的男朋友說：「我想你一定忙壞了吧？」接著他為女孩拭去臉上的雨水，並且脫去外套披在女孩身上，此刻，女孩流淚了但卻是溫馨幸福的。其實，愛恨往往只在一念之間。愛不僅要懂得寬容更要及時，很多事只是在於你心境的轉變罷了。

人們常說：「有緣千里來相會。」的確，沒有哪一種緣分比姻緣更能讓人纏綿，更能讓人癡情了。緣分是通向愛情聖殿的鵲橋，是男女之間真誠的友愛。因為有了那冥冥之中的緣分，使兩個原本陌生的人走到了一起，從此共同面對風雨人生，攜手一路同行，「在天願做比翼鳥，在地願為連理枝」。

緣分依託著多少愛、多少夢、多少情、多少戀。緣分最珍貴的是相依為命，最浪漫的就是陪著你慢慢變老。愛情需要緣分，更需要兩個人精心呵護，彼此惜緣。兩顆心一起去奮鬥，一起去支撐，一起去面對生活中的種種困難，攜手走過漫長的人生路。不論貧富，不論健康還是疾病，始終不離不棄。

有愛才會有憐愛，有珍惜才能留住愛。不管為愛有過怎樣的迷茫和錯誤，為愛怎樣的癡狂過，只要真愛過，就沒有讓聖潔的愛情受到玷污。但要相信，愛情在平淡中自然昇華，應學會捕捉愛的光輝，然後讓這份愛細水長流、綿延不絕。

在茫茫人海中，找到一個心愛的人，這是一種幸運和福氣，或許他沒有你想像的那麼好，但卻是最適合與你過一生的人，所以應該知福惜福，好好珍惜。

即將戀愛和熱戀中的年輕情侶們，在對待愛情和處理感情的問題上應記住：相愛的時候要真誠，爭執的時候要溝通，生氣的時候要冷靜，愉快的時候要分享，指責的時候要諒解，結婚的時候要包容，擁有的時候要珍惜。

7．愛的細節

在生活的每一個細節都注入愛意，從方方面面去關愛你的愛人，你就獲得了完美的幸福。

幸福的婚姻不在於它是多麼的浪漫和動人，更多的是真實而平淡的生活。在恬淡的生活中一起彈奏平鋪直敘的樂章，是一對相愛的人一生追求的幸福。

社區的居委會要在所管轄的街道內評選一對最恩愛的夫妻，幾經篩選後，有三對夫妻很幸運地被通知去參加最後的評比。

評比當天，三對夫妻如約而來，都各自相擁在辦公室外等待評委的召喚，第一對被請進辦公室的夫妻所述的故事十分感人，妻子說自己前幾年因意外而癱瘓在床，當聽醫生說她能站起來的可能性很小時，她絕望得幾乎要自殺，而丈夫卻任勞任怨地伺候她，沒有半句怨言。最後，在丈夫的關愛下，她終於重新站起來了。評委聽了都為之感動。

接著是第二對夫妻，他倆不約而同地敘說在結婚的十幾年裏，他們一直相親相愛、相敬如賓，從未因任何事情而紅過臉，吵過架，評委聽了暗暗點頭。

輪到第三對夫妻了，卻遲遲不見他們進來，評委有些不耐煩，就出去看怎麼回事，只見他們依然靜靜地坐在門口的椅子上，男人的頭靠在女人的右肩上，已經睡著了。當評委試圖要叫醒那個男人時，卻被女人阻止了，她小心地從包裹拿出紙和筆，用左手寫字，動作極其輕柔，生怕驚醒身邊的丈夫，她的右肩紋絲不動，穩穩地托著丈夫的腦袋，寫完後，輕輕地把紙條遞給評委。

評委們看那紙條，因為字是女人用左手寫的，所以字跡歪歪扭扭，但是大家還是看清了，上面是這麼寫的：別出聲，我丈夫昨晚沒有睡好。

一個評委提起筆在後面續了一句話：我們要聽你夫妻倆的講述，不叫醒你丈夫會影響我們的工作。女人接過紙和筆，又用左手歪歪扭扭地寫下：那我們就不參加評比了，沒有什麼能比讓我丈夫美美地睡上一覺更重要。

評委們都驚駭了，這個女人為了不影響丈夫的睡覺，居然放棄評比，真是有點本末倒置。但他們還是決定等待一段時間。

一小時後，那個男人醒了，女人的右手終於能夠活動了，她從包裏掏出一塊紙巾，想將男人嘴角流出的口水擦淨，但手才舉到半空，紙巾就掉了，男人驚問她怎麼了，她溫柔一笑，說：「沒事。」這時有個評委早就等不及了，拉上男人就往辦公室走，女人這才伸出左手悄悄地按摩右肩，她見有幾個評委在關切地看著她，便歉意地一笑，說：「真的沒事，是肩膀被他的頭壓得太久，麻了。」

男人被請進辦公室後，評委們便問他怎麼睡得這麼沉。男人不好意思地笑笑，說：「我家住在一樓，蚊子多。昨晚半夜的時候我被蚊子叮醒了，這才發現家裏的蚊香用完了，半夜裏也沒有地方買，我怕妻子再被叮醒，所以我就為她趕蚊子了，後半宿就沒有顧得上睡。」評委們聽了後，許久默不作聲。

評比的結果終於出來了，第一對夫妻評為「患難與共夫妻」，第二對夫妻評為「相敬如賓夫妻」，而真正最恩愛的夫妻卻給了第三對夫妻。

的確，正是這樣一個個平淡的愛情細節組成了婚姻生活。只要夫妻雙方在每個生活細節裏都演繹得愛意融融，情投意合，那麼他們就能擁有完美幸福的婚姻。切記：愛不完全是用語言表達的，更重要的是生活中的實際行動。

8．及時表達心中愛意

緣分是一種可遇而不可求的東西。佛說：「前世的五百次回眸，才換得今生的擦肩而過。」真正惜緣的人，會懂得它的來之不易，從而倍感珍惜。可是並不是所有的緣分你都能把握住，因為緣分不會一直在原地等你。錯過緣分的情況可能會有很多，比如時機的不成熟，比如天涯海角相隔兩端，也有可能是現實中不可避免的因素，這些原因或許你都無法控制。

但有一種原因，會讓你一輩子悔恨而且不能原諒自己。那就是，當緣分就在你的身邊，而你卻沒有及時表達自己心中的愛意，而讓緣分白白地流走。

緣分沒有假設，錯過了就是一輩子。還記得電影《大話西遊》的那段經典臺詞：

「曾經有一份真摯的愛情放在我面前，我沒有珍惜，等到失去的時候我才後悔莫及，人世間最痛苦的事莫過於此。如果上天能夠給我一個再來一次的機會，我會對那個女孩子說三個字：我愛你。如果非要在這份愛上加上一個期限，我希望是一萬年！」

當緣分已經流走，無論再有怎樣的語言也會顯得軟弱無力。所以，當緣分到來的時候，一定要及時表達心中的愛意，不要錯過了，再追悔莫及。

一個女生，25歲，碩士畢業，無任何感情經歷。相貌和身材都一般，稍微有點胖。因為喜歡打球，所以和另一部門的男同事認識，從此，每到休息時間，他都會喊上她打球，後來發展到下班以後也會打一會兒。打球時也聊天，他很愛開玩笑，她對他有了掛念。

後來，他們常常通過QQ聊天，她偶爾問他要一些電影啊、音樂什麼的，要不就是請教一些打球的技巧問題，他回覆也很及時。他在QQ中總愛打擊她，是那種帶調侃性質的「打擊」，比如「教你打球比教馬戲團的猴子都累」……還有，他有機會就會跟她開玩笑說：「你該減肥了。」

再後來，公司組織出去玩，坐大巴，他剛好在她後面坐，又閒聊了一些，但沒有實質性的進展。他帶了一個數位相機，因為各部門分開活動，所以每每在景點偶爾碰見，他總會給她拍幾個鏡頭，可是她對自己的外表不自信，總是會躲。有次打球，剛好過兩天就是端午，公司放假，她問他假期怎麼過，其實有點暗示的意思，他居然說：「在家睡覺！」

她不知道自己該怎麼做——甚至連他是不是有女朋友，她都不知道。而他們在一起從相識到現在，已經超過半年了，他每天都會喊她打球，她總是在孤獨的時候獨自回憶和他打球的時光，一切是那麼快樂，但再以後呢？

這個女孩就這樣一直被動地等。也許某一天，那男孩子真會向她表白，但那是哪一天呢？是明天還是後天，還是很久以後的某一天？也許等的結果就是沒有結果，她和他就這樣錯過了，有一天他可能會帶來一個女朋友，她會像往日一樣溫柔地對他說些玩笑話或祝福的話。

這是女孩要的結果嗎？顯然不是。當你心中擁有愛意的時候，請勇敢地表達你的愛吧！讓你從沉寂與冷漠中走出來，用愛心去擁抱、親吻這個世界。是的，許多美麗的故事，就在你徘徊不定、猶豫不決的當兒，和你擦肩而過，造成永久的遺憾或是無法挽回的悲劇。

每個人的內心都是渴求溫情，渴望愛人或被人愛的。有時只要那麼一句溫言，就會融化堅冰；只要那輕輕的叩門聲，就會開啟另一扇門，並洞見另一種美麗。勇敢地表達你的愛吧，讓這個世界充滿溫馨和快樂！

如果上面案例中的男女，能及時地表達自己心中的愛意，那麼結果可能就不是這樣的了。緣分錯過了，就一輩子錯過了。幸福不會時時等著你，愛你的人不是隨時可以出現的，所以，在心目中的他出現的時候，一定要懂得珍惜，把握住機會。

泰戈爾說，世界上最遠的距離，是魚和飛鳥的距離。一個在天，一個卻深潛海底……如果，你就是那條深藏愛情的魚，如何向小鳥依人的她，表達愛慕的情意？說還是不說？不要再矛盾和掙扎了，勇敢地表達心中的愛意，因為「世界上最遠的距離／不是生與死的距離／而是我站在你面前／你卻不知道我愛你」。

在你等待的時候，在你尚在判斷，這到底是不是自己想要的緣分的時候，緣分或許就從你的身邊溜走了。這個人，錯過了，就再也找不回來。愛要及時表達，誰知道明天和意外哪個會先來，所以不要錯過愛你的人。如果愛上，就不要輕易放過機會。莽撞，可能會使你後悔一陣子；怯懦，卻可能使你一輩子後悔。沒有經歷過愛情的人生是不完整的，沒有經歷過痛苦的愛情的人生是不深刻的。愛情使人生豐富，痛苦使愛情昇華。有愛，就要大膽去追。

9．我能想到最浪漫的事

「我能想到最浪漫的事，就是和你一起慢慢變老……」一首《最浪漫的事》曾打動了無數人的心。有人說，兩人生活多年後，牽著愛人的手就像左手摸右手，沒有感覺。有人說，婚姻的激情一般只有3～5年，走過了三年五載，就可能出現冷凍冰封的結局。當身邊的已婚夫婦討論「婚姻是否浪漫」這個問題時，「老夫老妻了，還談什麼浪漫」、「想要多一點浪漫，可哪有時間和精力呀」，這是聽到的最多的回答。許多經歷了浪漫的戀愛走進婚姻的戀人，似乎都認為浪漫已不再重要，甚至可有可無，生活也因此而變得枯燥、單調和乏味。

他和她，青梅竹馬，兩小無猜，那種心有靈犀一點通的戀愛季節溫馨浪漫。但真正走入婚姻的殿堂，當激情退去，當浪漫冷卻，當柴米油鹽醬醋茶的生活瑣事將歲月無情地奪去之時，他和她都感覺到生活中好像缺了點什麼。

為此，他們找到了心理醫生。心理醫生聽罷不語，倒了一杯白開水給他們，讓他們品嘗一下，夫妻倆感覺很淡。這時候，心理醫生又往杯子裡加了點糖，然後，再讓夫妻倆品嘗。他們這一下明白了心理醫生的用意。心理醫生最後告訴他們：生活就像一杯白開水，你們所要的，不過就是給平凡的日子加點糖。

給平凡的日子加點糖，就是給生活一些意外的驚喜，就是給生活塗上一層浪漫的色彩。愛人生日，勿忘一份誠摯的禮物，親昵的祝福；外出歸來，切記一句關懷的問候，一杯暖暖的香茶。

作為丈夫，你要讓妻子的同事驚訝，你視她如生命，她是你的天使。你尊重她、關心她、體貼她、無微不至地愛護她。作為妻子，你要讓丈夫的朋友羨慕，你理解他、支持他、欣賞他、真心真意愛著他。無論在什麼時候都不要讓自己的愛人感到寂寞和孤獨，無論工作多麼繁忙都要抽一點時間給家人打個電話，簡單地問候愛人幾句，讓愛人感覺到你的惦記。在特殊的日子裏，給愛人一個意外的驚喜，共同去一家溫馨的小店就餐，增進你們的感情。

浪漫並非僅指鮮豔的玫瑰、溫馨的燭光晚餐、難忘的旅行，或許一個輕輕的擁抱，一次出其不意的驚喜，一張小小的卡片，就會讓你的愛情與眾不同。如果兩人彼此傾心相愛，什麼事都不做，靜靜相對都會感覺是浪漫的；否則，即使兩人坐到月亮上拍拖，也是感覺不到浪漫的。

愛情需要呵護，婚姻需要保鮮，用心經營，給生活不時製造一些驚喜，平淡的日子也將活色生香。

生活是平凡的，但是只要有愛的花開，情的雨潤，這個世界就會越來越美麗，越來越溫馨。如果婚姻中的雙方能繼續自己戀愛時的浪漫，那麼婚姻便會幸福長久。在生活中精心打造浪漫，有意無意向對方表現真情，會使你的婚姻更加綿長而溫馨。

第七章

人生的高低就在細節中

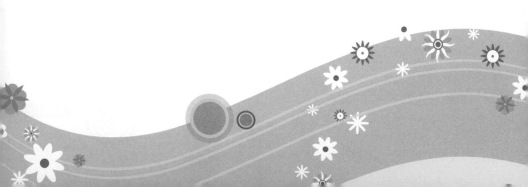

在現實生活中，想做大事的人很多，但願意把小事做細的人很少，他們總認為這些小事不是自己幹的，這些細節對大局無關緊要。就是因為有了這些人、有了這些思想存在於企業當中，我們的次品多了，我們的服務差了。我們的浪費多了，我們的成本高了，我們的競爭力下降了，最後我們的企業破產了……

所謂「成也細節，敗也細節。」一心渴望偉大，偉大卻無蹤影；甘於平淡，認真做好每個細節，偉大卻不期而至。這就是細節的魅力。

1．成也細節，敗也細節

現代人的智商差距越來越小，對自我的認識也越來越自信，這無疑是社會的進步。但另外一個極端又出現了，或正日益顯現出來，那就是，人們過於相信自己，藐視一切細節。

不論什麼事，實際上都是由一些細節組成的。綜觀成功人士的成功之道，其之所以能有傑出的成就，主要是始終把細節貫徹始終。細節的競爭既是成本的競爭，工藝、創新的競爭，也是各個環節協調能力的競爭；從另一個層面上說，也就是才能、才華、才幹的競爭。海爾總裁張瑞敏先生曾說：什麼是不簡單？把每一件簡單的事情做好就是不簡單；什麼是不平凡？把每一件平凡的事情做好就是不平凡。

一個人的價值不是以數量而是以他的深度來衡量的，成功者的共同特點，就是能做小事情，能夠抓住生活中的一些細節。正所謂成也細節，敗也細節。那些看來微不足道的事情，在成功者的眼裏，卻蘊藏著巨大的祕密。

一個青年來到城市打工，不久因為工作勤奮，老闆就將一個小公司交給他打點。他將這個小公司管理得井井有條，業績直線上升。有一個外商聽說之後，想同他洽談一個合作專案。當談判結束後，青年邀請這位也是黑眼睛黃皮膚的外商共進晚餐。晚餐很簡單，幾個盤子吃得乾乾淨淨，只剩下兩個小籠包子。青年對服務小姐說，請把這兩個包子打包，他要帶走。外商當即站起來表示明天就同他簽合同。

因為將吃剩下的兩個小籠包子帶走這樣的細節感動了外商，使外商順利地與他簽訂了合同，由此我們可以看出細節的威力。

有一個女孩到外企應聘，招聘主管看過她的簡歷後，婉言拒絕了女孩的請求，女孩收回自己的材料，用手掌撐了一下椅子站起來，覺得手被紮了一下，原來椅子上有一隻釘子露出了頭。女孩見桌子上有一塊鎮紙石，於是拿來用它將釘子敲平，然後轉身離去。但幾分鐘後，招聘主管派人將這個女孩追了回來，她被聘用了。

這個女孩為什麼會被聘用？原因就是：在一件很細小的、與自己無關的事情上也能體現出對別人體貼、關心的人，總是會受到幸運女神的青睞。

在一些不經意中流露出來的「小節」，往往能反映一個人深層次的素質。成有成的道理，敗有敗的緣由。「成也細節，敗也細節」的說法，自有其合理之處。既然如此，無論在大事情上，還是小事情上，都需要做到「滴水不漏」、「一絲不苟」。只有這樣，才能真正地穩操勝券。

2．細節表現修養

細節最容易為人所忽視，所以最能反映一個人的真實狀態，因而也最能表現一個人的修養。正因為如此，透過細節看人，逐漸成為衡量、評價一個人的最重要的方式之一。現在，有些用人單位在招聘時，還專門針對細節下些工夫。

有家招聘高級管理人才的公司，對一群應聘者進行複試。儘管應聘者都很自信地回答了考官的簡單提問，可結果都未被錄用。這時，有一位應聘者，走進房間後，發現乾淨的地毯上有一個紙團，他一聲不響地彎腰撿起了紙團，準備將它扔到紙簍裏。這時，考官說話了：「你好，朋友！請你打開那個紙團吧！」這位應聘者打開紙團，只見上面清楚地寫著：「熱忱地歡迎你到我們公司任職。」後來，這位應聘者成了這家公司的總裁。

扔紙團，顯然是招聘公司用來考察求職者是否關注細節的，那些對紙團視而不見的應聘者無疑是不合格的，不合格自然鎩羽而歸，而那位彎腰撿紙團的應聘者正是招聘公司尋求的對象。在這裏，一個不經意的細節就決定了面試的成敗。

南非有一個高尚而富有的企業家建了一所女子學院。在那裏女孩子們能受到良好的英文教育，還能學習怎樣自立。企業家需要一個負責人兼教師。學校董事會給企業家推薦了一個年輕女士，董事會各成員對這位年輕女士的學識、修養、完美的風度大加讚揚，認為她是這職位的唯一人選。於是，那位企業家感到自己很幸運，他立刻就邀請這位女士來見自己。百聞不如一見，這位女士名副其實地具備所有需要的素質。然而，企業家卻莫名其妙地拒絕給她任何機會。

很久以後，當有朋友問起，為什麼不可思議地拒絕雇傭如此能幹的一個教師時，企業家回答說：「那是因為一個小細節，一個像蝌蚪文字一般隱伏著重大意義的小細節。那個女士來我這兒時，穿著昂貴的時裝，戴的手套卻是髒了的，鞋上的扣子近一半已掉了。一個邋遢的女人不適合做任何女孩的老師。」那位應聘者或許永遠都不會知道她落選的原因，因為無論從任何方面講她都非常適合這個工作，然而她忽視了衣著的細節，所以錯過了就業的機會。

企業用人是有標準的，平時一些不經意的細節小事，並不是用標準就能衡量得出來的，但它卻能反映出一個人真實的東西——修養。

細節的成功看似偶然，實則孕育著成功的必然。細節不是孤立存在的，就像浪花顯示了大海的美麗，但必須依託於大海才能存在一樣。所以智慧的人總能捕捉到一些細節，並以此來鑒定人們的品格。

3．在細節處下工夫

成功者與失敗者之間到底有多大的差別？人與人之間在智力和體力上的差異並不是想像中的那麼大。很多小事，一個人能做，另外的人也能做，只是做出來的效果不一樣，往往是一些細節上的工夫，決定著完成的品質。

要想工作成績不流於一般的人，應學會在細節處下工夫。

有時候，公司老闆或業務員要出差，便會安排員工去買車票，這看似很簡單的一件事，卻可以反映出不同的人對工作的不同態度及其工作的能力，也可以大概測定一下今後工作的前途。

有這樣兩位祕書，一位將車票買來，就那麼交上去，雜亂無章，易丟失，不易查清時刻；另一位卻將車票裝進一個信封，並且，在信封上寫明列車車次、號位及起程、到達時刻。後一位祕書是個細心人，雖然她只做了幾個細節，只在信封上寫上幾個字，卻使人省事不少。按照命令去買車票，這只是「一個平常人」的工作，但是一個會工作的人，一定會想到該怎麼做，要怎麼做，才會令人更滿意、更方便，這也就是用心，注意細節的問題了。

工作細節不容忽視。注意細節所做出來的工作一定能抓住人心，雖然在當時無法引起人的注意，但久而久之，這種工作態度形成習慣後，一定會給你帶來巨大的收益。這種細心的工作態度，是由於對一件工作重視的態度而產生的，對再細小的事也不掉以輕心，專注地去做才會產生。

會成為大人物的人，即使要他去收發室做整理信件的工作，他的做法也會跟別人有所不同。這種注重細微環節的態度，就是使自己發展的營養劑。

老子曾說：「治大國若烹小鮮。」老子將治理國家比作烹調小魚一樣，不急躁，不亂動，這樣煮出的魚才色鮮味美。如火候不對，調味不對，心浮氣躁，魚下鍋後急於翻動，最後煮出來的東西就會色、香、味什麼都沒有了，肉也碎了。可見，細微之處方見真功夫。

一部名為《細節》的小說，其題記為：「大事留給上帝去抓吧，我們只能注意細節。」作者還借小說主人公的話做了注腳：「這世界上所有偉大的壯舉，都不如生活在一個真實的細節裏來得有意義。」

細節，就是小節，它不僅具有藝術的真實，而且更具有生活的真實。也許是生活的真實造就了藝術的真實，我們讀小說時，總被作家筆下的細節，如人物的心理、動作、語言所感動。

生活就像無限拉長的鏈條，細節如鏈條上的鎖扣，沒有鎖扣，哪有鏈條？歷史就像日夜奔騰的江河，細節如江河邊的支流，沒有支流，哪有江河？回味生活，翻閱歷史，我們為什麼不從真實的細節做起？

4．追求細節上的完美

成功的標準，就是追求細節上的完美，這是成功者的要求，也是成功者的想法。如果你能這樣想，無論你做什麼，品質都會很好，都不會自滿。因為很少有東西是完善的，即使是最好的產品也會有缺陷。

然而，無論是在公司還是組織中，就是因為你設立這樣一個完美的目標，可以提升每一個人對品質的意識，使每個人做事都變得非常認真，因為每個人都在研究，要怎樣把事情做得更完美。

只要你追求細節上的完美，就可以保證你成功。而世界上為人類創立新理想、新標準，扛著進步的大旗、為人類創造幸福的人，就是具有這樣追求完美無缺素質的人。無論做什麼事，如果只是以做到「還可以」為滿意，或是半途而廢，那就很難成功。

在工作中應該追求完美、滿分。不完整的工作成果只會使別人麻煩，對自己的成長也沒有多少的好處。

人類的歷史有不少悲劇，都是那些工作不可靠、不認真的人的苟且作風所造成的。無知與輕率所造成的禍害，不相上下。許多青年人的失敗，就在這「輕率」的一點上。他們念念不忘的，是想尋得較高的位置，較大的機會，使自己有「用武之地」。他們常對自己這樣說：「我們在平凡、渺小的職務下，枯燥、機械地工作，有什麼意義呢？那真是不值得去拼搏！」因此，他們的工作，往往需要他人的審查、校正。這樣的人，難於升到優異的位置上。

但是，凡是出類拔萃的青年，對於尋常、細微的每件事，都能認真思考，不肯安於「還可以」或「差不多」，必求其盡善盡美。他們能在簡單、平凡的工作崗位中，看出與造成大機會來。他們比一般人更敏捷、更可靠，自然能吸引上級的注意，博得領導的賞識。他們每辦完一件事，都能勇敢地對自己說：「對於這份工作，我已盡心盡力，可以問心無愧。我不但做得『還好』，而且在我能力範圍內做到了『最好』。對於這份工作，我能夠經得起任何人的檢查批評。」

巴爾扎克有時在一星期時間只寫滿一頁稿紙，但他的聲譽，卻遠非近代的某些不嚴肅的作家所能企及。狄更斯不到預備充分時，不肯在公眾前讀他的作品。這些都是人們務求盡善盡美的美德。然而不少人對於職務、工作的苟且、潦草，藉口時間不夠，這是不對的。因為，時間足夠使我們把每件事情都辦得更好。

追求完美的過程，不可能一步到位，因此不能急於求成。不管任何事，任何人都無法一次做到盡善盡美，要反覆、一次又一次地實踐，不要老顧盼自己離「完美」還有多遠，現在可以打多少分，這樣不好。成功需要靠時間和努力的點滴積累，把「完美」當做一種目標裝在心裏，然後埋下頭，專注於自己的工作。在達到完美境界的過程中，有許多人為的因素，也有很多現實生活中不能克服的障礙。

但是，如果我們無法堅持不做自己不清楚的工作的基本信念，就會因為工作量或處理產品件數的增加，而顧此失彼。現在某些公司就因非常堅持這個原則而大有發展。這類公司只要自己的產品有點瑕疵，不管是誰訂的，或訂的是什麼貨，在什麼狀況下，都不會貿然出貨。即使因此使同行搶先了一步也沒有關係，這是他們堅持的方針。換句話說，就是希望自己的貨都是完美的。

做事乾淨俐落，不拖泥帶水，該做的事儘早去做，該了結的儘快了結，有這種工作和生活習慣的人，處處都會受到別人的信賴和喜愛。追求細節上的完美，這是事業成功的因素，也是個人魅力的展露。

5・疏忽細節的代價

有些人能夠爬上高達百丈的大樹，卻在不到一丈的小樹上失足跌了下來。攀登高處的時候，因為知道高，心裏有了萬全的準備，所以不容易疏忽；小樹使人對它失去戒心，心情鬆懈，就不免大意了。所以，所謂危險，不在樹的高低，而在精神的鬆緊。工廠工人受傷的比例，做了一兩年的熟手，遠比初來的生手要高得多。

所有的意外，都是由疏忽細節引起的，而習慣性的自信，卻是造成這些小小疏忽的最大原因。誰又能估計世間因為「不小心」而造成的生命損失、人體傷害和財產損失呢？往往由於某些工作人員的小小疏忽，車輛傾覆，房屋焚毀，喪失了許多寶貴的生命。鐵軌上的小小裂痕，或是車輪上的一些小毛病，都會遭覆車之禍，傷害許多生命。因為不小心隨便扔一根燃著的火柴，扔一個香煙頭，結果竟然星星之火得以燎原，使得一城一鎮的房屋遭到焚毀。人們往往注意大事卻疏忽細節，但誰知道闖大禍的就是那些瑣碎的細節！

因疏忽而造成的大災禍，其後果令人觸目驚心、驚心動魄！比如由於商店員工工作時的不小心——包紮貨物時的不小心，應付顧客時的不小心，而使商店失去的顧客和金錢，不知有多少。由於鐵路員工的疏忽，扳道工和機車司機、機械工的不謹慎，使無數乘客喪失了生命。

有人開車技術不錯，已有多年駕齡，但他開車時總是小動作不斷。比如點根煙，換張光碟，東張西望等。旁人說他他不聽，反而說：「放心，我的技術是很行的！」結果有一次，他在一座立交橋上連人帶車從橋上衝了出去，原因再平常不過：在高速急轉彎的同時，他伸手去扶了一瓶快要傾倒的礦泉水。

不要以為那些潛伏著危險的不良習慣只是件小事，不要覺得你的本事大，別人眼中的危險事，對你而言沒有什麼大不了的，總有一天，它就會找上你的門，開始和你唱反調，扯你後腿。

范仲淹說：「先天下之憂而憂，後天下之樂而樂。」先憂後樂，與人同憂，與人同樂，一個人能做到這個地步就不錯了，可是當你追求成功時也只做到這種地步，這樣就不及格了，多少要有些先憂後樂的精神。「憂」不只是擔心掛念，廣義的解釋應該包括思考、創新和構想。所以「先憂」的意思就是比他人先一步思考、創新和構想。每個人都不是十全十美的，如不能完全做到「先憂」的要求，也至少要有這一念頭。

在工作中，精確與對工作的忠誠是一對孿生兄弟。一個員工有做事精確的良好習慣，要遠遠超過他的聰明和專長。

為什麼有些人做事總是免不了犯各種錯誤呢？究其原因，或是由於觀察得不仔細，或是由於思想的不縝密，或是因為缺少足夠的理智，或是因為行動的粗劣。

工作中絕對的正確和精細，是從事任何職業的重要資本，有了這種資本，自然會受到器重，會得到信任。

現在我們所處的時代，物質文明高度發達，社會生活安定，人們不需要為最基本的生存問題而日日戰戰兢兢了。然而，誰也保證不了在風和日麗的春天，不能響起晴空霹靂。因而，我們時時要有憂患意識，做到「居安思危，有備無患」。

如果每一個人都能把自己的全副心思放在工作上，人人都能謹慎小心地工作，那麼不但生命的喪失、身體的損傷、物質和金錢的損失，可以比現在大大地減少，而且人們的人格與品質，也會有一個極大的提升。

6．工作中應注意的七個細節

工作和事業，是影響人的一生的重大事項。它可以造就一個人，也可以毀滅一個人。導致這種差別的關鍵，除了知識的多少，素質的高低，還有對細節的關注。

危機往往是一個人在不經意間積累的，成功也是由許多細節堆砌而成的。在很多時候，一個人的成敗就取決於某個不為人知的細節。你想成功嗎？那麼就要在工作中注意以下七個細節。

一、在上司面前「弱智」一點

今天，那些聰明的部屬總會想方設法掩飾自己的實力，以假裝的愚笨來反襯上司的高明，力圖獲得上司的青睞。當上司闡述其觀點後，他馬上會裝出大澈大悟的樣子，並且第一個叫好；當他對某項工作有了好的可行的辦法後，不是直接闡發意見，而是在暗地裏或用暗示等方法及時告知上司，同時，在表面上再拋出與之相左的甚至很「愚蠢」的意見。時間一長，儘管在大眾中形象不佳，有點兒「弱智」，但上司卻倍加欣賞，對其情有獨鍾。

處理上司交辦的任務，一定要盡可能地爭取時間快速完成，而不要過分講究技巧。如果你把事情處理得過於圓滿而讓人挑不出一點毛病的話，那就顯示不出上司比你高明的地方。不然的話，當上司的就會認為你有「功高蓋主」之嫌。

善於處世的人，常常故意在明顯的地方留一點兒瑕疵，讓人一眼就看見他「連這麼簡單的東西都搞錯了！」這樣一來，儘管你出人頭地，木秀於林，別人也不會對你敬而遠之，他一旦認為「原來你也有錯」的時候，反而會縮短與你之間的相交距離。

適當地把自己安置得低一點兒，也就等於把別人抬高了許多。試想想，當被人抬舉的時候，誰還有放置不下的敵意呢？

二、嚴肅場合關掉手機

不知道你是不是有這樣的體驗：當你參加某個莊重的會議，或在某種嚴肅的場合，主持人總是要招呼大家把手機關掉。這樣做的目的，是怕你手機的聲音影響別人，給平靜的氣氛增添不協調的聲音。

有教養的人，在嚴肅的場合，一般都會關掉自己的手機，如果湊巧沒關手機，當電話打進來時，也不會去接電話而是迅速地按掉手機，不讓手機的聲音影響別人。

三、外出辦事開關門力道要輕一些

外出辦事應禮貌待人，這個道理我們都很清楚、也很明白，也時常這樣來要求別人。可在辦事時做起來卻不一定就完美，就輕鬆。這是一個教養和習慣問題。所以我們必須從平時的一點一滴做起，除了修養同時更重要的是好好地來培養好的習慣。

比如開關門的方式，便是一例。有的人時常或不小心地「砰」地一聲把門推開或關上，發出大的響聲，給人的印象不是開門或關門而是撞門，這是極不禮貌的。所以開關門用力要輕些，用力過猛，會使房門碰撞牆壁發出大的聲響。但也不能用力過於小，開半天開不開，而給人一種畏畏縮縮、鬼鬼祟祟的不好印象。

因此，開門關門動作的輕重，可以看出一個人的修養、內涵和水準來，也反映了一個人的精神面貌，更重要的是，直接影響到對方對自己印象的好壞，這是個第一印象的問題，所以要格外注意。尤其現在有的房間是左右開啟方式的，在開關門時如用力不合適，也會發出不大好聽的聲響，從而影響對方對你的看法與印象。

四、在工作時間內避免閒聊

聊天的確是人生的一大享受，尤其是三五好友聚在一起，話題更是包羅萬象。但是，並非每個場合、任何時間都適於聊天，尤其是工作時間應絕對避免。在工作時間內閒聊，不但會影響你個人的工作進度，同時也會影響其他同事的工作情緒，甚至妨礙工作場所的安寧，招來上司的責備。所以工作時絕對不要閒聊。

五、整潔的辦公桌使你獲得青睞

有人說過，可以從辦公室的桌上物品的擺置，看出一個人的工作效率及態度。凡是桌上物品任意堆置，顯出雜亂無章樣子的，相信這個人的工作效率一定不高，工作態度也極為隨便。相反地，桌上收拾得井井有條，顯出乾淨清爽樣子的，想必是個態度謹慎、講求效率的人。事實也的確如此。一張清爽、整潔的辦公桌的確可以增加工作效率。另外，還可以使別人對你產生良好的印象，認為你是一個做事有條理的人。

六、離開工作崗位時要收妥資料

有時工作進行到一半，因為上司召喚，客人來訪，或其他臨時事故而會暫時離開座位。在這種情況下，即使時間再短促，也必須將桌上的重要檔或資料等收拾妥當。或許有人認為，反正時間很短，那麼做很麻煩而且顯得小題大做，其實問題往往發生在你意想不到的時刻。遺失檔案已經夠頭痛了，萬一碰巧讓公司以外的人看見不該看見的機密事項，那才真正叫你「吃不了，兜著走」呢！

七、沒有可以隨便打發的人和事

許多時候，人們會漫不經心地處理、打發掉一些自認為不重要的事情或人物，但這種隨意不負責、不敬業或者是不道德的行為會造成不好的影響或後果，在你以後的人生道路上，不一定在什麼時候，突然顯現出來，會令你對當年的行為追悔不已。

美國總統競選也是一個很好的例子。每個候選人參選前必須把自己的經歷全部在天秤上過一遍，任何一點虧缺就會讓你為之付出代價，儘管那可能只是早被你忘掉的數十年前的一件小事。

在你的工作事業中，沒有可以隨便打發的小人物、小事情，種下什麼種子，將來會收穫什麼樣的果子，這就是老百姓常說的報應。

第八章

不必等待，立即行動

俗話說，羅馬不是一天建成的。只是在腦子中醞釀卻不去做，等於什麼也沒有想；一位完美的創意在現實中卻沒有實現，等於是失敗。如果不能有效地執行，再多的舉例也只能算是愛好；如果沒有堅持不懈的毅力和意志，再誘人的成功也只是南柯一夢。我們每個人都要做好持之以恆的思想準備，想了就要去做，就要周密行動。只有行動，才能真正地邁上成功的階梯。

詩人斯妤寫道：「給夢一把梯子，現實與夢想之間的距離即可取消，不可跨越的迢迢銀河舉步便可邁過。」對於每個渴望成功的人來說，圓夢的梯子就是行動。

1．行動是通向成功的唯一之路

有一位名叫西維亞的女孩，她的父親是波士頓有名的外科整形醫生，母親在一家聲譽很高的大學擔任教授。她的家庭對她有很大的幫助和支持，她完全有機會實現自己的理想。她從念中學的時候起，就一直夢寐以求地想當電視節目的主持人。

她覺得自己具有這方面的才幹，因為每當她和別人相處時，即使是生人也都願意親近她並和她長談。她知道怎樣從人家嘴裏「掏出心裏話」。她的朋友們稱她是他們的「親密的隨身精神醫生」。她自己常說：「只要有人願給我一次上電視的機會，我相信一定能成功。」

但是，她為達到這個理想而做了些什麼呢？其實什麼也沒有。她在等待奇蹟的出現，希望一下子就可以當上電視節目的主持人。

西維亞不切實際地期待著，結果什麼奇蹟也沒有出現。誰也不會請一個毫無經驗的人去擔任電視節目主持人。而且節目的主管也沒有興趣跑到外面去搜尋天才，都是別人去找他們。

另一個名叫辛蒂的女孩卻實現了西維亞的理想，成了著名的電視節目主持人。辛蒂之所以會成功，就是因為她知道，「天下沒有免費的午餐」，一切成功都要靠自己的努力去爭取。她不像西維亞那樣有可靠的經濟來源，所以沒有白白地等待機會出現。她白天去做工，晚上在大學的舞臺藝術系上夜校。

畢業之後，她開始謀職，跑遍了洛杉磯每一個廣播電臺和電視臺。但是，每個地方的經理對她的答覆都差不多：「不是有幾年經驗的人，我們是不會雇用的。」

可是，辛蒂沒有退縮，也沒有等待機會，而是走出去尋找機會。她一連幾個月都在仔細閱讀廣播電視方面的雜誌，最後終於看到一則招聘廣告：北達科他州有一家很小的電視臺招聘一名預報天氣的女孩子。

辛蒂是加州人，不喜歡北方。但是，有沒有陽光，是不是下雨都沒有關係，她希望找到一份和電視有關的職業，幹什麼都行。她抓住這個工作機會，動身到北達科他州。

辛蒂在那裏工作了兩年，最後在洛杉磯的電視臺找到了一個工作。又過了五年，她終於得到提升，成為夢想已久的節目主持人。

為什麼西維亞失敗了，而辛蒂卻如願以償呢？西維亞那種失敗者的思路和辛蒂的成功者的觀點正好背道而馳。分歧點就是：西維亞在10年當中，一直停留在幻想上，坐等機會；而辛蒂則是採取行動，最後，終於實現了理想。

只要幻想不採取行動的人，永遠不會成功。行動是實現理想的唯一途徑。

2．行動是實現目標的手段

沒有行動就無法接近你真正的人生目標。但對大多數人來說，行動的死敵是猶豫不決，即碰到問題，總是不能當機立斷，老是思前想後，從而失去最佳的機遇。

「快、快、快，為了生命加快步伐。」這句話常常出現在英國亨利八世統治時代的留言條上警示人們，旁邊往往還附有一幅圖畫，上面是沒有準時把信送到的信差在絞刑架上掙扎。當時還沒有郵政事業，信件都是由政府派出的信差發送的，如果在路上延誤要被處以絞刑。

在古老的、生活節奏緩慢的馬車時代，用一個月的時間歷經路途遙遠而危險的跋涉才能走完的路程，我們現在只要幾個小時就可以穿越。但即使在那樣的年代，不必要的耽擱也是犯罪。文明社會的一大進步是對時間的準確測量和利用。我們現在一個小時可以完成的任務，是一百年前的人們20個小時的工作量。

成功有一對相貌平平的雙親——守時與精確。每個人的成功故事都取決於某個關鍵時刻，在這個時刻來臨時一旦猶豫不決或退縮不前，機遇就會失之交臂，再也不會重新出現。

麻塞諸塞州的州長安德魯在一八六一年3月3日給林肯的信中寫道：「我們接到你們的宣言後，就馬上開戰，盡我們的所能，全力以赴。我們相信這樣做是美國和美國人民的意願，我們完全廢棄了所有的繁文縟節。」

一八六一年4月15日那天是星期一，他在上午從華盛頓的軍隊那邊收到電報，而第二個星期天上午9點鐘他就作了這樣的記錄：「所有要求從麻塞諸塞出動的兵力，已經駐紮在華盛頓與門羅要塞附近，或者正在去往保衛首都的路上。」

安德魯州長說：「我的第一個問題是採取什麼行動，如果這個問題得到回答，第二個問題就是下一步該幹什麼。」

英國社會改革家喬治•羅斯金說：「從根本上說，人生的整個青年階段，是一個人個性成型、沉思默想和希望受到指引的階段。青年階段無時無刻不受到命運的擺佈——某個時刻一旦過去，指定的工作就永遠無法完成，或者說如果沒有打鐵趁熱，某種任務也許永遠都無法完工。」

拿破崙非常重視「黃金時間」，他知道，每場戰役都有「關鍵時刻」，把握住這一時刻意味著戰爭的勝利，稍有猶豫就會導致災難性的結局。拿破崙說，之所以能打敗奧地利軍隊，是因為奧地利人不懂得5分鐘的價值。

據說，在滑鐵盧的戰役中，那個性命攸關的上午，他自己和格魯希因為晚了5分鐘而慘遭失敗。布呂歇爾按時到達，而格魯希晚了一會兒。就因為這一小段時間，拿破崙就被送到了聖赫勒拿島上，從而使成千上萬人的命運發生了改變。

有一句家喻戶曉的俗語，幾乎可以成為很多人的格言警句，那就是：「任何時候都可以做的事情，往往永遠都不會有時間去做。」化公為私的非洲協會想派旅行家利亞德到非洲去，人們問他什麼時候可以出發。他回答說：「明天早上。」當有人問約翰•傑維斯（即後來著名的溫莎公爵）他的船什麼時候可以加入戰鬥，他回答說：「現在。」科林•坎貝爾被任命為駐印軍隊的總指揮，在被問及什麼時候可以派部隊出發時，他毫不遲疑地說：「明天。」

與其費盡心思把今天可以完成的任務，千方百計地拖到明天，還不如用這些精力把工作做完。而任務越往後拖就越難以完成，做事的態度就越是勉強。在心情愉快或熱情高漲時可以完成的工作，被推遲幾天或幾個星期後，就會變成苦不堪言的負擔。在收到信件時沒有馬上回覆，以後再揀起來回信就不那麼容易了。許多大公司都有這樣的制度：所有信件都必須當天回覆。

當機立斷常常可以避免做事情的乏味和無趣。拖延則通常意味著逃避，其結果往往就是不了了之。做事情就像春天播種一樣，如果沒有在適當的季節行動，以後就沒有合適的時機了。無論夏天有多長，也無法使春天被耽擱的事情得以完成。某顆星的運轉即使僅僅晚了一秒，它也會使整個宇宙陷入混亂，後果變得不可收拾。

「沒有任何時刻像現在這樣重要，」愛爾蘭女作家瑪麗・埃及奇沃斯說，「不僅如此，沒有現在這一刻，任何時間都不會存在。也沒有任何一種力量或能量，都是在現在這一刻發揮著作用。如果一個人沒有趁著熱情高昂的時候採取果斷的行動，以後他就再也沒有實現這些願望的可能了。所有的希望都會消磨，都會淹沒在日常生活的瑣碎忙碌中，或者會在懶散消沉中流逝。」

3・立即行動，不要讓夢想萎縮

大多數的人，在開始時都擁有很遠大的夢想，因為缺乏立即行動的個性，夢想於是開始萎縮，種種消極與不可能的思想衍生，甚至於就此不敢再存任何夢想，過著隨遇而安、樂於知命的平庸生活。這也是為何成功者總是占少數的原因。

有一個幽默大師曾說：「每天最大的困難是離開溫暖的被窩走到冰冷的房間。」他說得不錯。當你躺在床上認為起床是件不愉快的事時，它就真的變成了一件困難的事了。即使這麼簡單的起床動作，亦即把棉被掀開，同時把腳伸到地上的自動反應，都可以擊退你的恐懼。

那些大有作為的人物，都不會等到精神好的時候、天氣暖和的時候才去做事，而是努力推動自己的精神去做事。

「現在」這個詞對成功的妙用無窮，而「明天」、「後天」、「下個禮拜」、以及「將來某個時候」或「總有一天」……往往就是「永遠做不到」的同義詞。有很多好計畫沒有實現，只是因為應該說「我現在就去做，馬上開始」的時候，卻說「將來有一天，我會開始去做」。

人人都認為儲蓄是件好事。雖然它很好，但是並不表示人人都會依據有系統的儲蓄計畫去做。許多人都想要儲蓄，只有少數人才真正做到。

畢爾先生每個月的收入是一千美元，但是每個月的開銷也要一千美元，收支剛好相抵。畢爾夫婦倆都很想儲蓄，但是往往會找些理由使他們無法開始。

他們說了好幾年：「加薪以後馬上開始存錢」、「分期付款還清以後就要……」、「度過這次困難以後就要……」、「下個月就要……」或「明年就要開始存錢。」

最後還是他太太珍妮不想再拖，她對畢爾說：「你好好想想看，到底要不要存錢？」他說：「當然要啊！但是現在並沒有多的錢呀！」

珍妮這一次下決心了，她接著說：「我們想要存錢已經想了好幾年，由於一直認為省不下，才一直沒有儲蓄，從現在開始要認為我們可以儲蓄。我今天看到一個廣告說，如果每個月存一千美元，15年以後就有十八萬美元，外加六千六百美元的利息。廣告又說：『先存錢，再花錢』比『先花錢，再存錢』容易得多。如果你真想儲蓄，就把薪水的10％存起來，不可移作他用。即使說不定我們要靠餅乾和牛奶撐到月底，只要我們真的那麼做，一定可以辦到。」

他們為了存錢，起先幾個月當然吃盡了苦頭，儘量節省，才留出這筆預算。現在他們覺得——「存錢跟花錢一樣好玩！」

想不想寫信給一個朋友？如果想，現在就去寫。有沒有想到一個對於生意大有幫助的計畫？馬上就開始。時時刻刻記著班傑明・佛蘭克林的話：「今天可以做完的事，不要拖到明天。」

如果你時時想到「現在」，就會完成許多事情；如果常想「將來有一天」或「將來什麼時候」，那就一事無成。

夢想是成功的起跑線，決心則是起跑時的槍聲。行動猶如跑步者全力的奔馳，唯有堅持到最後一秒的，方能獲得成功的錦標。

4．成功需要的僅僅是勇敢的行動

聽說英國皇家學院公開為大名鼎鼎的教授大衛選拔科研助手，年輕的裝訂工人法拉第激動不已，趕忙到選拔委員會報了名。但臨近選拔考試的前一天，法拉第被意外通知，取消他的考試資格，因為他是一個普通工人。

法拉第愣了，他氣憤地趕到選拔委員會，委員們傲慢地嘲笑說：「沒有辦法，一個普通的裝訂工人想到皇家學院來，除非你能得到大衛教授的同意！」

法拉第猶豫了。如果不能見到大衛教授，自己就沒辦法參加選拔考試。但一個普通的工人要想見大名鼎鼎的皇家學院教授，他會理睬嗎？

法拉第顧慮重重，但為了自己的人生夢想，他還是鼓足了勇氣站到大衛教授的大門口。教授家的門扉緊閉著，法拉第在教授家門前徘徊了好久。終於，教授家的大門被一顆膽怯的心叩響了。

院子裏沒有聲響，當法拉第準備第二次叩門的時候，門卻「吱呀」一聲開了。一位面色紅潤、鬚髮皆白、精神矍鑠的老者正注視著法拉第，「門沒有閂，請你進來。」老者微笑著對法拉第說。

「教授家的大門整天不閂嗎？」法拉第疑惑地問。

「幹嗎要閂上呢？」老者笑著說，「當你把別人閂在門外的時候，也就把自己閂在了屋裏。我才不要當這樣的傻瓜呢！」老者就是大衛教授。他將法拉第帶到屋裏坐下，聆聽了這個年輕人的敘說和要求後，寫了一張紙條遞給法拉第：「年輕人，你帶著這張紙條去，告訴委員會的那幫人說大衛老頭同意了。」

經過嚴格而激烈的選拔考試，書籍裝訂工法拉第出人意料地成了大衛教授的科研助手，走進了英國皇家學院那高貴而華美的大門。

成功的大門對每個人來說，都是永遠敞開的。但是太多的人從它面前匆匆而過，因為怯懦的他們認為它是鎖著的，開啟它需要知識、經驗、背景等，但少數精英走過去才發現，成功需要的僅僅是勇敢的行動。

5．想好後去做是成功的唯一捷徑

一個具有崇高生活理想和奮鬥目標的人，毫無疑問會比一個根本沒有目標的人更有作為和成就。古人早就說過：「取法上者得乎中，取法中者得乎下，取法下者得乎無。」而西方也有這樣一句：「想扯住金製長袍的人，或許可能得到一隻金袖子。」

那些志向遠大、敢於想像的人，所取得的成就必定是遠遠超出起點；一個理想高、目標大的人，即使沒有實現最終的理想和目標，但其實際達到的目標，都要比理想低、目標小的人最終達到的目標還大。

因此，任何人要想獲得成功，都首先必須敢想才行，也就是要敢於想像自己的未來，把自己的理想和目標提升起來，而不要退縮在一個蹩腳的、狹小的角落。

可以肯定地說，卓越的人生都是崇高理想的產物。不過，這只是問題的一個方面；另一個不容忽視的方面是，只敢想而不敢做或不願做的人，也不會擁有成功。

有個人曾經問英國著名思想家布萊克：「您能成為一位偉大的思想家，成功的關鍵是什麼？」

「多思多想啊！」布萊克笑著回答。

這個人如獲至寶般地回到家中，開始整天躺在床上，望著天花板，一動也不動，按照布萊克的指點進入「多思多想」的狀態。

一個月後，那個人的妻子找到布萊克，愁眉苦臉地訴說道：「求你去看看我的丈夫吧，他從你這兒回去以後，就像中了魔一樣，整天躺在床上癡心冥想！」

布萊克趕去一看，只見那個人已經變得骨瘦如柴。他拼命掙扎著爬起來，對布萊克說：「我最近一直都在思考，甚至到了茶飯不思的地步，你看我離偉大的思想家還有多遠？」

「你每天只想不做，那你都思考了些什麼呢？」布萊克先生緩緩地問道。

那人回答說：「想的東西實在太多，我感覺腦子裏都已經裝不下了。」

「哦！我大概忘了提醒你一點：只想不做的人，只能產生思想垃圾。成功像一把梯子，雙手插在口袋裏的人，是永遠爬不上去的。」

接著，布萊克舉了這樣一個例子──

有一位滿腦子都是智慧的教授和一位文盲相鄰而居。儘管兩人地位懸殊，知識、性格更是有著天淵之別，可是他們都有一個共同的目標，那就是：如何儘快發財致富。

每天，教授都蹺著二郎腿在那裏大談特談他的「致富經」，文盲則在旁邊虔誠地洗耳恭聽。他非常欽佩教授的學識和智慧，並且按照教授的致富設想去付諸實際行動。

幾年後，文盲真的成了一位貨真價實的百萬富翁。而那位教授呢？他依然是囊空如洗的教書匠，還是每天在那裏空談他的致富理論。就像人們說的那樣，「教授教授，越教越瘦。」

成功在於意念，更在於行動。其實，相對於付諸行動來說，制定目標倒是更容易的。許多人都為自己制定了人生目標，從這一點上說似乎人人都像一個戰略家。但是，相當多的人制定了目標之後卻沒有落實下去，不敢採取行動，結果到頭來仍是一事無成。「敢想」就要「敢做」，這是促使人走向成功的一對孿生兄弟，兩者相輔相成，缺一不可。

6・把宏大的計畫分成幾段

一九八四年，在東京國際馬拉松邀請賽中，名不見經傳的日本選手山田本一出人意外地奪得了世界冠軍。當記者問他憑什麼取得如此驚人的成績時，他說了這麼一句話：憑智慧戰勝對手。

當時許多人都認為這個偶然跑到前面的矮個子選手是在故弄玄虛。馬拉松賽是體力和耐力的運動，只要身體素質好又有耐性就有望奪冠，爆發力和速度都還在其次，說用智慧取勝確實有點勉強。

兩年後，義大利國際馬拉松邀請賽在義大利北部城市米蘭舉行，山田本一代表日本參加比賽。這一次，他又獲得了世界冠軍。記者又請他談談經驗。

山田本一性情木訥，不善言談，回答的仍是上次那句話：用智慧戰勝對手。這回記者在報紙上沒再挖苦他，但對他所謂的智慧迷惑不解。

10年後，這個謎終於被解開了，他在他的自傳中是這麼說的：

「每次比賽之前，我都要乘車把比賽的線路仔細地看一遍，並把沿途比較醒目的標誌畫下來，比如第一個標誌是銀行；第二個標誌是一棵大樹；第三個標誌是一座紅房子……這樣一直畫到賽程的終點。比賽開始後，我就以百米的速度奮力地向第一個目標衝去，等到達第一個目標後，我又以同樣的速度向第二個目標衝去。40多公里的賽程，就被我分解成這麼幾個小目標輕鬆地跑完了。起初，我並不懂這樣的道理，我把我的目標定在40多公里外終點線上的那面旗幟上，結果我跑到十幾公里時就疲憊不堪了，我被前面那段遙遠的路程給嚇倒了。」

分段實現大目標真可謂是經驗之談，這一思想甚至適應於所有的「行業」。

報紙上曾經報導一位擁有一百萬美元的富翁，原來卻是一位乞丐。在我們心中難免懷疑：依靠人們施捨一分一毛的人，為何卻擁有如此巨額的存款？

事實上，這些存款當然並非憑空得來，而是由一點點小額存款累聚而成。1分到10元，到千元，到萬元，到百萬，就這麼積聚而成。若想靠乞討很快存滿一百萬美元，那幾乎是不可能的。

是的，做任何事，只要你邁出了第一步，然後再一步步地走下去，你就會逐漸靠近你的目的地。如果你知道你的具體的目的地，而且向它邁出了第一步，你便走上了成功之路！

就像舉重者練習舉重之初，通常是先從他們舉得動的重量開始，經過一段時間後，才慢慢增加重量。優良的拳擊經理人，都是為他的拳師先安排較易對付的對手，而後逐漸地使他和較強的對手交鋒。聰明的人為了要達成「主目標」，常會設定「次目標」，這樣會比較容易完成「主目標」。

許多人會因目標過於遠大，或理想太過崇高而易於放棄，這是很可惜的。若設定「次目標」便可較快獲得令人滿意的成績，能逐步完成「次目標」，心理上的壓力也會隨之減小，「主目標」總有一天也能完成。

7．勇於行動戰勝困難

在事業上，必須有勇於行動，一心奔赴目標，不墨守成規的智慧和勇氣，才會戰勝困難，取得成功。

有這樣一個關於亞歷山大大帝的故事：

亞歷山大大帝在進軍亞細亞之前，決定破解一個著名的預言。這個預言說的是誰能夠將朱庇特神廟的一串複雜的繩結打開，誰就能夠成為亞細亞的帝王。在亞歷山大大帝破解這個預言之前，這個繩結已經難倒了各個國家的智者和國王。由於這個繩結的神祕性，能否打開這個繩結關係到軍隊的士氣。

亞歷山大大帝仔細觀察著這個繩結。果然是天衣無縫，找不著任何繩頭。這時，他靈光一閃：「為什麼不用自己的行動來打開這個繩結呢？」

於是，他拔劍一揮，繩結一劈兩半，這個保留了百年的難題，就這樣輕易地被解決掉了。

亞歷山大大帝勇於行動，一心奔赴目標，不墨守成規，顯示了非常的智慧和勇氣，注定了成就亞細亞王的偉業。

但丁在長詩《神曲》裏寫下了一句千古名言：「走自己的路，讓別人去說吧！」說的是作者但丁在古羅馬著名詩人維吉爾的引導下，經歷了九層地獄，正在朝著煉獄前行，突然有一個靈魂呼喊但丁，但丁回過頭張望。

這時，維吉爾訓斥道：「你為什麼要分散精力呢？為什麼要放慢腳步呢？別人的竊竊私語與你有什麼關係？走自己的路，讓別人去說吧！要像一座卓然挺立的大樹，不因暴風雨而彎腰。」

行動吧！朝著目標，不要左顧右盼，不要猶豫不決，不要拖延觀望。

人們往往因為道理講多了，就顧慮重重，不敢決斷，以至於錯失良機，甚至坐以待弊都不在少數。

正是有了這麼多的「思想上的巨人，行動上的矮子」，才有了那麼多的自歎自怨的人。他們常常抱怨，自己的潛能沒有挖掘出來，自己沒有機會施展才華。他們甚至都知道如何去施展才華和挖掘潛能，只不過沒有行動罷了。思想只是一種潛在的力量，是有待開發的寶藏，而只有行動才是開啟力量和財富之門的鑰匙。

讓自己行動起來也是一種能力。這種能力的增長來源於不斷地和藉口做鬥爭。通過鬥爭，培養自己識別藉口的能力和戰勝藉口的勇氣。

人們常用的藉口有：太不好意思了；現在時機不到；恐怕太遲了；準備工作還沒有做完；條件還不具備；恐怕會做砸；諸如此類。

這些說法是藉口，還是事實，恐怕只有天知道。因為就算是同一件事情，在不同的人眼中也有不同的觀念和判斷。

但是，不完美的開始勝過完美的猶豫。許多事情你不採取行動，可能它就永遠不會時機成熟或者條件具備。對於勇敢的人來說，沒有條件，他也能夠創造條件，他的行動永遠是最好的時機和條件。因為行動本身就是在創造條件和機會。

世界上最珍貴的事物都是那些行動中的人創造的。

8・把全部的精力集中在一件事上

許多成功的經驗告訴我們這樣的「強者法則」：明智的人最懂得把全部的精力集中在一件事上，唯有如此方能在一處挖出井水來；明智的人也善於依靠不屈不撓的意志、百折不回的決心以及持之以恆的忍耐力，努力地在各種生存競爭中去獲得勝利。

在這個世界上，很多人每天都在幹與他們興趣不合的工作，他們往往自歎命運不濟，他們希望機會來了，再去做稱心如意的工作。可實際上光陰似箭，時間過去就不再重來，如果不馬上回頭，今天得過且過，明天又再等一會兒，當所有最寶貴的青春歲月都在稀裏糊塗中浪費掉後，再想重新學習一些新的技能時，往往為時已晚。

這種一再拖延、得過且過的惰性，其實與慢性自殺無異。青年人通常不太去留意促成事業獲得成功的因素，他們常常把做事情和幹事業看得過分簡單，不肯集中自己的全部精力去做。他們不知道，在一項事業上的經驗好比是一個雪球，隨著人生軌跡的推移，這個雪球永遠是越滾越大的。

所以，任何人都應該把全部精力集中在某一項事業上，在這一方面隨時隨地作努力。這樣，你在上面所花費的功夫越大，獲得的經驗也就越多，做起事來也就越順手、越容易。

人人都須懂得時間的寶貴，「光陰一去不復返」。當你踏入社會開始工作的時候，一定是渾身充滿幹勁的。你應該把這幹勁全部用在事業上，無論你做什麼職業，你都要努力工作、刻苦經營。如果能一直堅持這樣做，那麼有一天當你發現這種習慣所給你帶來的豐碩成果時，你一定會感到驚訝。

歌德這樣說：「你最適合站在哪裏，你就應該站在哪裏。」這句話可以作為對那些三心二意者的最好忠告。

無論是誰，如果不趁年富力強的黃金時代去養成自己善於集中精力的好性格，那麼他以後一定不會有什麼大成就。世界上最大的浪費，就是把寶貴的精力無謂地分散到許多不同的事情上。一個人的時間有限、能力有限、資源有限，想要樣樣都精、門門都通，絕不可能辦到，如果你想在任何一個方面作出什麼成就，就一定要牢記這條法則。

對大部分人來說，如果一進入社會就善於利用自己的精力，不讓它消耗在一些毫無意義的事情上，那麼就有成功的希望。但是，很多人卻偏偏喜歡東學一點、西學一下，儘管忙碌了一生，卻往往沒有什麼專長，結果到頭來什麼事情也沒做成。

在這方面，螞蟻是我們最好的榜樣。牠們圍著一大顆食物，齊心協力地推著、拖著牠前進，一路上不知道要遇到多少困難，要翻多少跟斗，千辛萬苦才把一顆食物弄到家門口。**螞蟻給我們最好的教益是：只要不斷努力、持之以恆，就必定能得到好的結果。**

那些富有經驗的園丁往往習慣把樹木上許多能開花結果的枝條剪去，一般人往往覺得很可惜。但是，園丁們知道，為了使樹木能更快地茁壯成長，為了讓以後的果實結得更飽滿，就必須要忍痛將這些旁枝剪去；否則，若要保留這些枝條，那麼將來的總收成肯定要減少無數倍。

那些有經驗的花匠也習慣把許多快要綻開的花蕾剪去。這是為什麼呢？這些花蕾不是同樣可以開出美麗的花朵嗎？花匠們知道，剪去其中的大部分花蕾後，可以使所有的養分都集中在其餘的少數花蕾上。等到這少數花蕾綻開時，一定可以成為那種罕見、珍貴、碩大無比的奇葩。

做人就像培植花木一樣，青年男女們與其把所有的精力，都消耗在那些毫無意義的事情上，還不如看準一項適合自己的重要事業，集中所有精力，埋頭苦幹，全力以赴，肯定可以取得傑出的成績。

如果你想成為一個眾人嘆服的領袖，成為一個才識過人、無人可及的人物，就一定要排除大腦中許多雜亂無緒的念頭；如果你想在一個重要的方面取得偉大的成就，那麼就要大膽地舉起剪刀，把所有微不足道的、平凡無奇的、毫無把握的願望完全「剪去」。在一件重要的事情面前，即便是那些已經小有眉目的事情，也必須忍痛「剪掉」。

世界上無數的失敗者之所以沒有成功，主要不是因為他們才幹不夠，而是因為他們不能集中精力，不能全力以赴地去做適當的工作，他們使自己的大好精力東浪費一點、西消耗一些，而他們自己竟然還從未覺悟到這一問題。如果把心中的那些雜念一一剪掉，使生命力中的所有養料都集中到一個方面，那麼他們將來一定會驚訝——自己的事業上竟然能夠結出那麼美麗豐碩的果實。

擁有一種專門的技能要比有十種心思來得有價值，有專門技能的人隨時隨地都在這方面下苦功、求進步，時時刻刻都在設法彌補自己的缺陷和弱點，總是想要把事情做得盡善盡美。而有十種心思的人則不一樣，他可能會忙不過來，要顧及這一點又要顧及那一個，由於精力和心思分散，事事都只能點到為止，結果當然是無法成就什麼了不起大事業了。

現代社會的競爭日趨激烈，所以，我們必須專心一致，對自己的工作全力以赴，這樣才能做到得心應手，有出色的業績。

9．專心地把時間運用於一個方向上

你要想讓自己成為強者，必須有這樣一個做事的習慣：專心地把時間運用於一個方向上，這樣你就能集中精力，解決迫在眉睫的難題。有人把「專心」界定為把意識集中在某個特定的欲望上的行為，並要一直集中到已經找出實現這一欲望的方法，並且成功地將之付諸到實際行動上去。

汽車大王亨利・福特說：「我有的是時間，因為我從來不離開工作崗位；我不認為人可以離開工作，他應該要朝思暮想，連做夢也是工作。」

大家都知道，運動能使肌肉發達，工作時的全神貫注是否也能促發腦部相關部分的功能呢？美國俄勒岡大學心理學教授邁克爾・波斯納利用正電子放射層析X掃描器和腦電描記錄器記錄全神貫注工作時的人腦活動。受試者初次做某種工作時，腦部的血液流量和電子流動都會增加，後來對這種工作熟練了，腦部的血液流量和電子放射量就減少。波斯納認為，人們越常練習聚精會神，腦部的活動就越沒有必要增加。在某一領域練就的心理技能，可以轉用於別的領域。

在西點軍校教導未來戰地指揮官如何保持專注的路易・喬卡說：「關鍵在於學習克服內在或外在的『噪音』和『干擾』。」比方說，假如你愛好爵士樂，不妨播放些音樂，然後設法只聽中音薩克斯管，不聽別的，借此練習集中精力的能力。

加州口腔醫生艾爾・司徒倫保每天都在同一時間起床，開車走同一路線上班，把車停在同一個停車位。他穿外科手術服時總是先穿上衣，再穿褲子；總是先洗右手，再洗左手；檢視病人時總是站在同一個位置。這並不是什麼迷信。他按照習慣行事，能夠有條不紊地做事。

芝加哥大學人類學教授哈利・齊克仁米哈勒認為：「這就好像比賽前的運動員

或主持典禮的牧師，習慣性的行為能使人較易全神貫注於眼前的挑戰。習慣性的活動使人把精神重新集中起來。」

你可以為任何工作制訂一套行事程式。假如你不太喜歡手頭的工作，不妨為自己建立一個工作順序：先給自己泡杯茶，然後清理書桌，把筆放在左邊，電腦、電話在右邊，最後開始做自己的工作。天天如此，要不了多久，你就能在遵守這些程式後自然而然地進入全神貫注的狀態，並且全力以赴地工作了。

10．集中你的注意力做每一件事情

心理學家威廉．詹姆斯在一百年前宣稱，人類只使用了自己極小部分的潛力。我們的工作大多數都是例行，或者千篇一律的。於是，我們的腦子常常幾乎是閑著的。由於我們「無法全心投入」，結果就可能發生因疏忽而引起的錯誤，或者覺得工作沒勁，甚至苦不堪言。

齊克仁米哈勒說，我們的技能如果只夠應付眼前的挑戰，則專注的程度最高。要想輕鬆地完成一件簡單乏味的工作，唯一的辦法就是增加這個工作的難度。不妨把沉悶的工作轉變成具有挑戰性的比賽，跟別人比，跟從前的自己比，以便充分發揮出自己的潛力，制定出規則和目標，給自己一個時限。這樣增加挑戰性也許能夠迫使你進人理想的全神貫注的狀態。因為為了超越別人、超越自己，你必須全力以赴。

在做一件事情時，你甚至可以在做每一個步驟時都把它說出來，這樣不僅有助於全神貫注，而且能夠提醒自己遺忘了哪些步驟。自言自語也有「摒除噪音」的作用，使你不易分心。一位年輕的滑雪選手對觀眾的叫嚷聲和紛飛的雪花感到心煩。教練適時地提醒：「看著前面。」這位選手於是像念咒似的反覆說著：「看著前面，看著前面，看著前面！」他終於把精神集中起來了，並取得了不錯的成績。

國外有一種赤腳走過火炭的遊戲，這種遊戲的關鍵也是自言自語的心理暗示。賓夕法尼亞州大西洋教育研究所的羅恩・裴卡拉曾對幾十位參加過這種遊戲的人作過調查研究，結果發現，火床的溫度高達攝氏650度以上，那些分心的人最後多半腳底起了水泡，而專心地反覆自言自語「冰涼沼澤，冰涼沼澤」的人則絲毫未傷。裴卡拉認為，專心地重複說同一句話使他們的注意力完全集中，其餘的人注意力分散，結果被燒傷了。

老是惦記著後果會使人們心神渙散。你讓自己的思想飄向未來，就無法專心致志了，因為你的注意力已隨之而去了，你的眼睛中看到的是不可預知的未來。

不管你做的是什麼，把注意力集中於未來而忽略現在，會使你的表現大為失色。一流的網球運動員心裏只會想著如何打出一個漂亮的球，不會想著贏得比賽。連連擊出好球，自然就能贏得比賽的勝利。想要保持專心致志，必須把所有的注意力集中於此時此地，集中於自己的手上。

11．切忌犯「想法太多」的錯誤

為什麼有很多人有一大堆想法，最後竟然連一個想法也沒有實現呢？這就是犯了「想法太多」的錯誤。你想，一個人什麼都想幹，他有幾隻手呢？所以善於經營自己強項的人，總習慣於把許多想法變成一個切實可行的想法。

想法太多，是造成一個人事業大起大落的缺點。這種人想做的事太多，結果反而一事無成。這種缺點經常在喜歡冒險的人身上發現，這些冒險者發達起來時，簡直就像希臘神話中點石成金的米達斯，無論做什麼生意都賺錢。他們自己和別人都相信他們會一直飛黃騰達下去，但問題出在當他們垮下去的時候。

褐色皮膚、英俊瀟灑的泰生從小就是游泳健將，經常參加比賽。「從很小開始，別人就從兩方面來看我們。」他說：「一方面看我們是誰，另一方面看我們有何表現。我總是因為比賽成績而獲得誇獎。」

於是，泰生不斷地追求成就。他的事業從一幢建築物開始，然後變成兩幢，最後名氣愈來愈響亮，業務不斷得到擴充發展。最後，泰生的事業擴張到自己都弄不清楚究竟涉足了多少生意。

「我兼營製造業、掮客業務、管理事業、旅館經營、公寓改建等，每一種行業我都想插手。我非常興奮，不知道什麼是自己做不到的，所以想試探自己能力的限度。我常在早上起床看見自己的名字登在報紙上，感覺很舒服。然後再看一遍，感覺更舒服。」

有一天，銀行打電話通知，說他的他公司信用額度已過於膨脹了，暫延貸款也已到期，要求他償還貸款。小神童泰生就這樣垮了。剛開始泰生責怪每一個人，把錯誤歸咎於銀行、社會經濟形勢或公司的員工身上。

最後，他只簡單地認為：我知道自己太自私了，我走得太快、太遠，不知道自己的能力有一定的限度。面對新機會時我不說：「這類生意我不做。」反而說：「為什麼不做？我什麼生意都做。」我就是太好大喜功。由於每一件事都想做，結果無法把精神集中在任何一件事情上面。哪一個問題最迫切需要解決，就成為他的當務之急。「我錯把時間上最緊急的事，當做最重要的事。」

泰生沒有分辨清楚事情的輕重緩急。解決之道是重訂目標，選擇擅長的行業，然後重新集中精神去做。

泰生最擅長的是房地產開發。經過幾年的拮据與苦撐，由於他專心地經營，終於逐漸有了起色。現在他再度成為紐約的百萬富翁，只不過對自己能力的限度了解得更清楚了。

他自己認為：如果現在我有這樣的想法：「經營健身俱樂部的生意好像挺不錯。」我會馬上阻止自己說：「誰要去做這種生意？我有我的賺錢行業，根本不需要做這種生意。讓別人去做好了。」

與泰生的明智相反，其他人往往容易犯的一個問題是，目標太分散以致無法集中目標。想法太多，或者要想實現的目標太多，跟沒有想法、沒有目標，其實是一樣有害的。

12．比爾．蓋茨的十一個行為準則

在比爾．蓋茨寫給高中畢業生和大學畢業生的書裏，有一個單子上面列有十一項學生不能在學校裏學到的事情。比爾．蓋茨稱這些事情是最基本的行為準則。

這十一項事情如下——

(1)生活是不公平的；但你要去適應它。

(2)這世界並不會在意你的自尊。這世界指望你在自我感覺良好之前，必須先要有所成就。

(3)高中剛畢業你不會一年掙4萬美元。你不會成為一個公司的副總裁，並擁有一部裝有電話的汽車，直到你將此職位和汽車電話都掙到手。

(4)如果你認為你的老師十分嚴厲，那等你有了老闆再這樣想。老闆可是沒有任期限制的。

(5)烙牛肉餅並不有損你的尊嚴。你的祖父母對烙牛肉餅可有不同的定義；他們稱它為機遇。

(6)如果你陷入困境，那不是你父母的過錯，所以不要尖聲抱怨父母的錯誤，要從中吸取教訓。

(7)你出生之前，你的父母並非像他們現在這樣乏味。他們變成今天這個樣子是因為這些年來他們一直在為你付賬單，給你洗衣服，聽你大談你是如何的酷。所以，如果你想消滅你父母那一輩中的寄生蟲來拯救雨林的話，還是先去清除你房間衣櫃裏的蟲子吧。

(8)你的學校也許已經不再分優等生和劣等生，但生活卻仍在作出類似的區分。在某些學校已經廢除不及格分；只要你想找到正確答案，學校就會給你無數的機會。這和現實生活中的任何事情沒有一點相似之處。

(9)生活不分學期。你並沒有寒暑假可以休息，也沒有幾位雇主樂於幫你發現自我。自己找時間做吧！

(10) 電視並不是真實的生活。在現實生活中，人們實際上得離開咖啡屋，去幹自己的工作。

(11) 善待乏味的人。有可能到頭來你會為一個乏味的人而工作。

《全書終》

國家圖書館出版品預行編目資料

你無法用一天改變命運，但可以改變方向，林郁 主編 --
初版 -- 新北市：新視野 New Vision, 2018.09
冊；　公分 --（實用經典01）
ISBN 978-986-96269-5-8（平裝）
1.成功法

177.2　　107012492

實用經典 01

你無法用一天改變命運，但可以改變方向

主　編　林郁
出　版　新視野 New Vision
製　作　新潮社文化事業有限公司
電話 02-8666-5711
傳真 02-8666-5833
E-mail：service@xcsbook.com.tw
印前作業　東豪印刷事業有限公司
印刷作業　福霖印刷有限公司

總 經 銷　聯合發行股份有限公司
新北市新店區寶橋路 235 巷 6 弄 6 號 2F
電話 02-2917-8022
傳真 02-2915-6275

初　版　2018 年 9 月